www.ingramcontent.com/pod-product-compliance
Lightning Source LLC
Chambersburg PA
CBHW070310100426
42743CB00011B/2428
9782013747967

TABLES

DE

COMPTES-FAITS.

TABLES
DE
COMPTES-FAITS,

OU SE TROUVE

LA CORRESPONDANCE DES POIDS, TITRES ET RAPPORTS

DE VALEUR DES MATIÈRES D'OR ET D'ARGENT,

SUIVANT L'ANCIEN ET LE NOUVEAU SYSTÊME.

Ces Tables de Comptes-Faits sont établies de manière que l'on voit, à la seule inspection, le rapport du prix de l'hectograme ou once nouvelle d'Or fin en Francs, depuis une somme donnée et variant de 25 centimes, jusqu'à toute autre somme, à celle de l'once ancienne en livre tournois; on a, suivant ce rapport, par le moyen d'une simple addition, la valeur de l'hectograme en $\frac{1000}{1000}$ à tous les titres en francs, et celle de l'once ancienne en karats et trente-deuxièmes, à tous les titres en livres tournois, suivant la hausse ou la baisse que peuvent éprouver les matières d'Or et d'Argent dans le Commerce.

Par EDME F***, ancien Agent de Change.

A PARIS,

Chez CRETTÉ, Libraire, rue Saint-Martin, passage Molière, No. 80.

AN XI. — 1803.

AVERTISSEMENT.

La remise ordonnée des exemplaires a été faite et reconnue dans les formes de Droit à la Bibliothèque nationale. — Tout exemplaire non revêtu de ma signature à la main au bas de cet Avertissement, doit être réputé contrefait.

Editeur.

Ces Comptes-Faits se trouvent également chez les Libraires suivans :

A Paris, chez Courcier, Quai des Augustins, n°. 71.

A Strasbourg, chez Treutell et Wurtz.

A Bordeaux, chez Bergeret.

A Orléans, chez Berthevin.

A Bruxelles, chez Lecharlier.

A Lyon, chez Tournachon.

ERRATA.

Page 33, colonne 7, ligne 6, *il faut lire* 15 s. *au lieu de* 13 s.

TABLES

DE COMPTES-FAITS,

Où se trouve la correspondance des Poids, Titres et Rapports de Valeurs des matières d'or et d'argent, suivant l'ancien et le nouveau systême.

La multiplicité des Poids et Mesures, à laquelle le Commerce est assujetti dans ses opérations, oblige nécessairement le Négociant de les connaître. Chaque partie du Commerce à la Mesure qui lui est relative. C'est par ces Mesures que l'on établit les valeurs des choses; chaque pays à les siennes et sa manière de compter est différente.

La connaissance des Mesures de son pays et de celles des étrangers est donc indispensable au Négociant; il ne peut sur-tout ignorer celles de la partie à laquelle il se destine, et cette connaissance est d'autant plus difficile à acquérir, que non-seulement les Mesures varient de nation à nation, mais qu'elles ne sont quelquefois as les mêmes d'une ville à une autre, quoique dépendantes toutes deux de la même puissance.

La plupart des auteurs qui ont traité cette partie ne s'accordent guère dans leurs rapports. Cette variété, qui ne provient que de l'ancienne habitude des peuples, s'est d'autant plus accréditée, que l'autorité des souverains n'a pas suffi pour la réduire et la fixer.

La nation française à laquelle il appartenait de faire cesser ces abus, attaqua celui-ci avec succès, en substituant aux anciennes Mesures en usage, de nouvelles Mesures basées sur le systême décimal, et qui sont les mêmes dans toute l'étendue de la République.

Les Consuls ont arrêté en conséquence, le 13 Brumaire An IX, que conformément à la loi du premier Vendémiaire An IV, le systême décimal des Poids et Mesures, serait définitivement mis à exécution dans toute la République, à compter du premier Vendémiaire An X.

L'exécution a effectivement eu lieu depuis cette époque dans le Département de la Seine, et a été suivie dans les autres à compter du premier Vendémiaire An XI.

Il paraît inutile de rappeler ici la supériorité de la nouvelle manière de compter sur l'ancienne; tout concourt à le démontrer. D'ailleurs l'exposition des Mesures nouvelles pour la partie dont il est ici question, et celle de leurs divisions comparées aux anciennes, viendront à l'appui de cette vérité. Mais quelque soient l'avantage que l'on peut en attendre, et l'intelligence et la sagacité avec lesquelles on saisit cet avantage, il n'est pas moins exact de dire, que de la nécessité rigoureuse de se servir des nouvelles mesures, et d'après la vieille habitude que l'on a des anciennes, résulte nécessairement le besoin de les comparer entr'elles; ce qui ne peut se faire que par des calculs très-longs ou avec des tables dressées à cet effet.

D'après les intentions et les ordres du Gouvernement, différents auteurs ont dressé des tables de comparaison pour les Mesures de longueur, de surface, de capacité, de solidité et de pésanteur; mais ils n'ont pas donné avec tout le développement qui leur convient, les rapports du titre des matières d'or et d'argent, ni leur valeur comparative avec l'ancienne et la nouvelle monnaie. La plupart n'en ayant établi que les bases, il devient impossible pour celui qui traite ces sortes d'opérations selon la nouvelle méthode, d'en connaître le résultat suivant l'ancienne; sans se livrer à des calculs fort pénibles et qui prennent beaucoup de temps. En effet, l'or fin ne devant se vendre aujourd'hui dans le commerce, et ne se cottant à la Bourse que sur le pied de mille millièmes à l'hectograme en francs et centimes, comment celui qui ne connaît que l'once d'or ancienne à 24 karats, pourra-t-il savoir le prix auquel lui reviendra cette once ancienne en livres tournois, en achetant l'hectograme à un prix quelconque en francs? De même, l'argent fin ne se cottant que suivant les mille millièmes au kilograme en francs, comment saura-t-il aussi le prix du marc ancien en livres tournois? Ce ne peut-être qu'en établissant d'abord le rapport de l'hectograme avec l'once ancienne, et le rapport de leur valeur respective en francs, suivant le poids de cette once ancienne et la conversion des francs en livres tournois: ce qui est de même pour l'argent à $\frac{1000}{1000}$ le kilograme avec le marc d'argent fin à 12 deniers. Voilà donc trois espèces de calculs qu'il faut nécessairement faire pour opérer avec exactitude, si l'on ne veut pas s'exposer à des erreurs considérables. Ces difficultés qui se trouvent dans la manière de traiter l'or et l'argent comme fin, dans la nouvelle méthode pour la comparer à l'ancienne, ne sont encore rien au prix de celles que l'on éprouve, lorsqu'il s'agit de les traiter comme parafés, c'est-à-dire, à un titre au-dessous de $\frac{1000}{1000}$ pour l'hectograme d'or ou le kilograme d'argent, et de les comparer avec l'once ancienne d'or, au-dessous de 24 karats, et le marc d'argent au-dessous de 12 deniers; les calculs alors se multiplient et les difficultés s'accroissent.

D'abord dans tous les cas, on est obligé d'établir les rapports de l'un et de l'autre considérés comme fin, et pour connaître le prix d'un hectograme d'or ou d'un kilograme d'argent à un titre au-dessous du fin dans l'une et l'autre manière; l'opération ne se fait qu'en divisant le prix donné de l'hectograme d'or ou du kilograme d'argent fin, par le titre de $\frac{1000}{1000}$, et en multipliant la quantité de millièmes contenus dans l'hectograme d'or ou le kilograme d'argent; il faut ensuite établir le rapport de ces millièmes de l'un ou de l'autre avec celui de l'once ou du marc ancien; et diviser la somme trouvée dans le rapport du prix de l'once ou du kilograme nouveau à l'once ou au marc ancien considérés comme fin, en karats et en trente-deuxièmes, ou en deniers et grains de fin, que l'on multiplie pour trouver la valeur de l'un ou de l'autre au-dessous de 24 karats ou de 12 deniers. Souvent la rapidité avec laquelle se font ces sortes d'opérations, ne permet pas d'entrer dans tous les détails de ce calcul, qui cependant devient indispensable, puisque dans toutes les opérations les titres ne se trouvent pas les mêmes.

En considérant dans tous leurs rapports les opérations du Commerce des matières d'or et d'argent, on a pensé que des Tables de Comparaison, ou des Comptes-faits dans lesquels on trouverait à la seule inspection tous ces rapports de Poids, de Titres et de Valeurs depuis une somme donnée jusqu'à une autre, en suivant toutes les chances de hausse ou de baisse que peuvent éprouver ces matières dans le Commerce, seraient de la plus grande utilité. On trouve dans ces tables les rapports du Poids et du Titre, le rapport de la valeur en francs de l'once nouvelle d'or fin à l'ancienne en livres tournois depuis 320 fr. et variant de 25 centimes jusqu'à 360; celui du kilograme d'argent fin en francs au marc en livres tournois, et variant de 25 centimes depuis 200 fr. jusqu'à 240: et la valeur de chacune des divisions de l'un et de l'autre poids et titre, en l'une et l'autre monnaie.

Ces tables sont faites de manière, que si l'on veut s'instruire de la valeur des matières d'or et d'argent dans l'une et l'autre système, c'est-à-dire, savoir la valeur de l'once ancienne comparativement à la nouvelle, qui est la seule cottée aujourd'hui dans le commerce et qui pèse trois fois et quelque chose de plus que l'ancienne, il suffit de chercher l'article de la table qui se rapporte à la cotte suivant la nouvelle manière: les valeurs de l'once des deux espèces se trouvent établies à côté l'une de l'autre.

INDICATION. A-t-on un lingot d'or à un titre plus bas que le fin et veut-on en savoir la valeur suivant les millièmes qu'il contient dans l'hectograme; comme on ne calcule jamais la valeur du parafé que sur celle du fin, on prend la cotte qui en donne le cours et sur la table on trouve la valeur, suivant ce cours, de tous les millièmes contenus dans le titre du lingot; et par le moyen d'une seule addition, on a le prix cherché. Veut-on savoir en payant cette nouvelle once d'or à un prix quelconque, à quoi revient celui de l'once ancienne en karats et en trente-deuxièmes? A côté de la colonne où se trouve la valeur des millièmes, se trouve aussi celle des karats et des trente-deuxièmes qu'il suffit d'additionner, et l'on obtient la valeur de l'once ancienne à toutes espèces de titre comparativement à la nouvelle.

EXEMPLE. On veut savoir ce que vaut l'once ancienne d'or fin à 24 karats, le cours cottant l'or fin les $\frac{1000}{1000}$ dans l'hectograme 332 fr. 50 cent. Le rapport de cette once nouvelle en francs est pour l'ancienne 102 liv. 19 sous 11 deniers tournois. Mais le lingot que l'on veut évaluer n'est qu'à 890me. qui répondent à 21 karats $\frac{12}{32}$ pour l'once ancienne; on désire savoir ce que valent l'une et l'autre à ce titre.

Exemple. Pour connaître la valeur de l'hectograme d'or au titre 890me., le fin valant 332 fr. 50 cent., dans la colonne des millièmes, on trouve pour. . . . . . .
. . . . 800me. . 266 fr. c.
idem. . . . . 90. . . . 29 92.

295 fr. 92 c.

Pour connaître le prix de l'once ancienne à ce titre, c'est-à-dire, à 21 karats $\frac{12}{32}$, le rapport se trouvant pour le fin dans la proportion de 332 fr. 50 cent., à 102 liv. 19 sols 11 deniers; dans la même colonne on trouve pour 21 karats. . . . . 90 liv. 2 s. 5 d.
à $\frac{12}{32}$. 1 12 2

91 l. 14 s. 7 d.

L'opération étant la même pour l'argent, il suffit d'indiquer celle-ci pour la valeur de l'un et de l'autre.

Nota. Dans les divisions progressives, on trouvera que les fractions ont été négligées, lorsqu'il n'y avait que des parties de deniers ou de centimes. En les laissant subsister, comme on les avait figurées d'abord, on aurait satisfait à la rigueur du calcul; mais ces fractions, extrêmement légères, n'auraient fait qu'embarasser, et sans produire le moindre intérêt; les divisions des monnaies n'offrant aucun moyen de les acquitter.

TABLE DE CORRESPONDANCE

*Du titre ancien avec le nouveau pour l'*OR *et l'*ARGENT*, conversion des millièmes en karats et trente-deuxièmes pour l'or, et en deniers et grains de fin pour l'argent.*

TITRES Ancien or. Karats.	Ancien or. 32emes	Nouv. Milliem.	Ancien argent. Deniers	Ancien argent. Grains ½
»	1	1	»	» »
»	* 2	2	»	» ½
»	2	3	»	» ½
»	3	4	»	1 »
»	4	5	»	1 »
»	5	6	»	1 ½
»	5	7	»	2 »
»	6	8	»	2 »
»	7	9	»	2 ½
»	8	10	»	2 ½
»	8	11	»	3 »
»	9	12	»	3 »
»	10	13	»	3 ½
»	11	14	»	4 »
»	12	15	»	4 »
»	12	16	»	4 ½
»	13	17	»	4 ½
»	14	18	»	5 »
»	15	19	»	5 »
»	15	20	»	5 ½
»	16	21	»	6 »
»	17	22	»	6 »
»	18	23	»	6 ½
»	18	24	»	6 ½
»	19	25	»	7 »
»	20	26	»	7 »
»	21	27	»	7 ½
»	22	28	»	8 »
»	22	29	»	8 »
»	23	30	»	8 ½
»	24	31	»	8 ½
»	25	32	»	9 »
»	25	33	»	9 »
»	26	34	»	9 ½
»	27	35	»	10 »
»	27	36	»	10 »
»	28	37	»	10 ½
»	29	38	»	10 ½

TITRES Ancien or. Karats.	Ancien or. 32emes	Nouv. Milliem.	Ancien argent. Deniers	Ancien argent. Grains ½
»	30	39	»	11 »
»	31	40	»	11 ½
»	31	41	»	11 ½
1	»	42	»	12 »
1	1	43	»	12 »
1	2	44	»	12 ½
1	3	45	»	12 ½
1	3	46	»	13 »
1	4	47	»	13 ½
1	5	48	»	13 ½
1	6	49	»	14 »
1	6	50	»	14 »
1	7	51	»	14 ½
1	8	52	»	14 ½
1	9	53	»	15 »
1	9	54	»	15 ½
1	10	55	»	15 ½
1	11	56	»	16 »
1	12	57	»	16 »
1	13	58	»	16 ½
1	13	59	»	16 ½
1	14	60	»	17 »
1	15	61	»	17 ½
1	16	62	»	17 ½
1	16	63	»	18 »
1	17	64	»	18 »
1	18	65	»	18 ½
1	19	66	»	19 »
1	19	67	»	19 »
1	20	68	»	19 ½
1	21	69	»	19 ½
1	22	70	»	20 »
1	23	71	»	20 »
1	23	72	»	20 ½
1	24	73	»	21 »
1	25	74	»	21 »
1	26	75	»	21 ½
1	26	76	»	21 ½

TITRES Ancien or. Karats.	Ancien or. 32emes	Nouv. Milliem.	Ancien argent. Deniers	Ancien argent. Grains ½
1	27	77	»	22 »
1	28	78	»	22 »
1	29	79	»	22 ½
1	29	80	»	23 »
1	30	81	»	23 »
1	31	82	»	23 ½
2	»	83	»	23 ½
2	1	84	1	» »
2	1	85	1	» »
2	2	86	1	» ½
2	3	87	1	1 »
2	4	88	1	1 »
2	4	89	1	1 ½
2	5	90	1	1 ½
2	6	91	1	2 »
2	7	92	1	2 »
2	7	93	1	2 ½
2	8	94	1	3 »
2	9	95	1	3 »
2	10	96	1	3 ½
2	10	97	1	3 ½
2	11	98	1	4 »
2	12	99	1	4 ½
2	13	100	1	4 ½
2	14	101	1	5 »
2	14	102	1	5 »
2	15	103	1	5 ½
2	16	104	1	5 ½
2	17	105	1	6 »
2	17	106	1	6 ½
2	18	107	1	6 ½
2	19	108	1	7 »
2	20	109	1	7 »
2	20	110	1	7 ½
2	21	111	1	7 ½
2	22	112	1	8 »
2	23	113	1	8 ½
2	24	114	1	8 ½

* L'usage dans la manipulation des essais étant de compter le 32e. lorsqu'il se trouve un peu plus que moitié de cette division du karat, et de négliger ce qui se trouve au-dessous de cette moitié pour établir le rapport de l'ancien titre au nouveau, l'on néglige la quantité du 32e. qui se trouve au-dessous de moitié, lorsque dans les divisions du nouveau titre par millième, on ne trouve point assez des parties de cette dernière division, pour fournir la moitié du 32e. ; il en est de même pour le rapport de l'ancien ou nouveau titre de l'argent, ce qui fait qu'on trouvera quelque fois dans cette table deux chiffres semblables à l'ancien titre contre plusieurs diférens à celle du nouveau.

TITRES				
ANCIEN OR.		NOUV.	ANCIEN ARGENT.	
Karats.	32emes	Milliém.	Deniers	Grains ½.
2	24	115	1	9 »
2	25	116	1	9 »
2	26	117	1	9 ½
2	27	118	1	9 ½
2	27	119	1	10 »
2	28	120	1	10 ½
2	29	121	1	10 ½
2	30	122	1	11 »
2	30	123	1	11 »
2	31	124	1	11 ½
3	»	125	1	12 »
3	1	126	1	12 »
3	2	127	1	12 ½
3	2	128	1	12 ½
3	3	129	1	13 »
3	4	130	1	13 »
3	5	131	1	13 ½
3	5	132	1	14 »
3	6	133	1	14 »
3	7	134	1	14 ½
3	8	135	1	14 ½
3	8	136	1	15 »
3	9	137	1	15 »
3	10	138	1	15 ½
3	11	139	1	16 »
3	12	140	1	16 »
3	12	141	1	16 ½
3	13	142	1	16 ½
3	14	143	1	17 »
3	15	144	1	17 »
3	15	145	1	17 ½
3	16	146	1	18 »
3	17	147	1	18 »
3	18	148	1	18 ½
3	18	149	1	18 ½
3	19	150	1	19 »
3	20	151	1	19 »
3	21	152	1	19 ½
3	22	153	1	20 »
3	22	154	1	20 »
3	23	155	1	20 ½
3	24	155	1	20 ½
3	25	157	1	21 »
3	25	158	1	21 ½
3	26	159	1	21 ½
3	27	160	1	22 »
3	28	161	1	22 »
3	28	162	1	22 ½
3	29	163	1	22 ½
3	30	164	1	23 »
3	31	165	1	23 ½
4	»	166	1	23 ½
4	»	167	2	» »
4	1	168	2	» »
4	2	169	2	» ½

TITRES				
ANCIEN OR.		NOUV.	ANCIEN ARGENT.	
Karats.	52emes	Milliém.	Deniers	Grains ½.
4	3	170	2	» ½
4	3	171	2	1 »
4	4	172	2	1 ½
4	5	173	2	1 ½
4	6	174	2	2 »
4	7	175	2	2 »
4	7	176	2	2 ½
4	8	177	2	2 ½
4	9	178	2	3 »
4	10	179	2	3 ½
4	10	180	2	3 ½
4	11	181	2	4 »
4	12	182	2	4 »
4	13	183	2	4 ½
4	13	184	2	4 ½
4	14	185	2	5 »
4	15	186	2	5 ½
4	16	187	2	5 ½
4	16	188	2	6 »
4	17	189	2	6 »
4	18	190	2	6 ½
4	19	191	2	7 »
4	19	192	2	7 »
4	20	193	2	7 ½
4	21	194	2	7 ½
4	22	195	2	8 »
4	23	196	2	8 »
4	23	197	2	8 ½
4	24	198	2	9 »
4	25	199	2	9 »
4	26	200	2	9 ½
4	26	201	2	9 ½
4	27	202	2	10 »
4	28	203	2	10 »
4	29	204	2	10 ½
4	29	205	2	11 »
4	30	206	2	11 »
4	31	207	2	11 ½
5	»	208	2	11 ½
5	1	209	2	12 »
5	1	210	2	12 »
5	2	211	2	12 ½
5	3	212	2	13 »
5	4	213	2	13 »
5	4	214	2	13 ½
5	5	215	2	13 ½
5	6	216	2	24 »
5	7	217	2	14 »
5	7	218	2	14 ½
5	8	219	2	15 »
5	9	220	2	15 »
5	10	221	2	15 ½
5	10	222	2	15 ½
5	11	223	2	16 «
5	12	224	2	16 ½

TITRES				
ANCIEN OR.		NOUV.	ANCIEN ARGENT.	
Karats.	52emes	Milliém.	Deniers	Grains ½.
5	13	225	2	16 ½
5	14	226	2	17 »
5	14	227	2	17 »
5	15	228	2	17 ½
5	16	229	2	17 ½
5	17	230	2	18 »
5	17	231	2	18 ½
5	18	232	2	18 ½
5	19	233	2	19 »
5	20	234	2	19 »
5	20	235	2	19 ½
5	21	236	2	19 ½
5	22	237	2	20 »
5	23	238	2	20 ½
5	24	239	2	20 ½
5	24	240	2	21 »
5	25	241	2	21 »
5	26	242	2	21 ½
5	27	243	2	21 ½
5	27	244	2	22 »
5	28	245	2	22 ½
5	29	246	2	22 ½
5	30	247	2	23 »
5	30	248	2	23 »
5	31	249	2	23 ½
6	»	250	3	» »
6	1	251	3	» »
6	2	252	3	» ½
6	2	253	3	» ½
6	3	254	3	1 »
6	4	255	3	1 »
6	5	256	3	1 ½
6	5	257	3	2 »
6	6	258	3	2 »
6	7	259	3	2 ½
6	8	260	3	2 ½
6	8	261	3	3 »
6	9	262	3	3 »
6	10	263	3	3 ½
6	11	264	3	4 »
6	12	265	3	4 »
6	12	266	3	4 ½
6	13	267	3	4 ½
6	14	268	3	5 »
6	15	269	3	5 »
6	15	270	3	5 ½
6	16	271	3	6 »
6	17	272	3	6 »
6	18	273	3	6 ½
6	18	274	3	6 ½
6	19	275	3	7 »
6	20	276	3	7 »
6	21	277	3	7 ½
6	22	278	3	8 »
6	22	279	3	8 »

TITRES					TITRES					TITRES				
ANCIEN OR.		NOUV.	ANCIEN ARGENT.		ANCIEN OR.		NOUV.	ANCIEN ARGENT.		ANCIEN OR.		NOUV.	ANCIEN ARGENT.	
Karats.	32emes	Millièm.	Deniers	Grains ½	Karats.	32emes	Millièm.	Deniers	Grains ½	Karats.	32emes	Millièm.	Deniers	Grains ½
6	23	280	3	8 ½	8	1	335	4	» »	9	12	390	4	16 »
6	24	281	3	8 ½	8	2	336	4	» ½	9	12	391	4	16 ½
6	25	282	3	9 »	8	3	337	4	1 »	9	13	392	4	16 ½
6	25	283	3	9 ½	8	4	338	4	1 »	9	14	393	4	17 »
6	26	284	3	9 ½	8	4	339	4	1 ½	9	15	394	4	17 »
6	27	285	3	10 »	8	5	340	4	1 ½	9	15	395	4	17 ½
6	28	286	3	10 »	8	6	341	4	2 »	9	16	396	4	18 »
6	28	287	3	10 ½	8	7	342	4	2 »	9	17	397	4	18 »
6	29	288	3	11 »	8	7	343	4	2 ½	9	18	398	4	18 ½
6	30	289	3	11 »	8	8	344	4	3 »	9	18	399	4	18 ½
6	31	290	3	11 ½	8	9	345	4	3 »	9	19	400	4	19 »
6	31	291	3	11 ½	8	10	346	4	3 ½	9	20	401	4	19 »
7	»	292	3	12 »	8	10	347	4	3 ½	9	21	402	4	19 ½
7	1	293	3	12 »	8	11	348	4	4 »	9	22	403	4	20 »
7	2	294	3	12 ½	8	12	349	4	4 ½	9	22	404	4	20 »
7	3	295	3	12 ½	8	13	350	4	4 ½	9	23	405	4	20 ½
7	4	296	3	13 «	8	14	351	4	5 »	9	24	406	4	20 ½
7	4	297	3	13 ½	8	14	352	4	5 »	9	25	407	4	21 »
7	5	298	3	13 ½	8	15	353	4	5 ½	9	25	408	4	21 ½
7	6	299	3	14 »	8	16	354	4	5 ½	9	26	404	4	21 ½
7	6	300	3	14 »	8	17	355	4	6 »	9	27	410	4	22 »
7	7	301	3	14 ½	8	17	356	4	6 ½	9	28	411	4	22 »
7	8	302	3	14 ½	8	18	357	4	6 ½	9	28	412	4	22 ½
7	9	303	3	15 »	8	19	358	4	7 »	9	29	413	4	22 ½
7	9	304	3	15 ½	8	20	359	4	7 »	9	30	414	4	23 »
7	10	305	3	15 ½	8	20	360	4	7 ½	9	31	415	4	23 ½
7	11	306	3	16 »	[illegible]	21	361	4	7 ½	9	31	416	4	23 ½
7	12	307	3	16 »	[illegible]	22	362	4	8 »	10	»	417	5	» »
7	13	308	3	16 ½	[illegible]	23	363	4	8 ½	10	1	418	5	» »
7	13	309	3	16 ½	[illegible]	24	364	4	8 ½	10	2	419	5	» ½
7	14	310	3	17 »	8	24	365	4	9 »	10	3	420	5	» ½
7	15	311	3	17 ½	8	25	366	4	9 »	10	3	421	5	1 »
7	16	312	3	17 ½	8	26	367	4	9 ½	10	4	422	5	1 ½
7	16	313	3	18 »	8	27	368	4	9 ½	10	5	423	5	1 ½
7	17	314	3	18 »	8	27	369	4	10 »	10	6	424	5	2 »
7	18	315	3	18 ½	8	28	370	4	10 ½	10	6	425	5	2 »
7	19	316	3	19 »	8	29	371	4	10 ½	10	7	426	5	2 ½
7	19	317	3	19 »	8	30	372	4	11 »	10	8	427	5	2 ½
7	20	318	3	19 ½	8	30	373	4	11 ½	10	9	428	5	3 »
7	21	319	3	19 ½	8	31	374	4	11 ½	10	9	429	5	3 ½
7	22	320	3	20 »	9	»	375	4	12 »	10	10	430	5	3 ½
7	23	321	3	20 »	9	1	376	4	12 »	10	11	431	5	4 »
7	23	322	3	20 ½	9	2	377	4	12 ½	10	12	432	5	4 »
7	24	323	3	21 »	9	2	378	4	12 ½	10	13	433	5	4 ½
7	25	324	3	21 »	9	3	379	4	13 »	10	13	434	5	4 ½
7	26	325	3	21 ½	9	4	380	4	13 »	10	14	435	5	5 »
7	26	326	3	21 ½	9	5	381	4	13 ½	10	15	436	5	5 ½
7	27	327	3	22 »	9	5	382	4	14 »	10	16	437	5	5 ½
7	28	328	3	22 »	9	6	383	4	14 »	10	16	438	5	6 »
7	29	329	3	22 ½	9	7	384	4	14 ½	10	17	439	5	6 »
7	29	330	3	23 »	9	8	385	4	14 ½	10	18	440	5	6 ½
7	30	331	3	23 »	9	8	386	4	15 »	10	19	441	5	7 »
7	31	332	3	23 ½	9	9	387	4	15 »	10	19	442	5	7 »
8	»	333	3	23 ½	9	10	388	4	15 ½	10	20	443	5	7 ½
8	1	334	4	» »	9	11	389	4	16 »	10	21	444	5	7 ½

TITRES					TITRES					TITRES				
ANCIEN OR.		NOUV.	ANCIEN ARGENT.		ANCIEN OR.		NOUV.	ANCIEN ARGENT.		ANCIEN OR.		NOUV.	ANCIEN ARGENT.	
Karats.	32èmes	Milliem.	Deniers	Grains ½	Karats.	32èmes	Milliem.	Deniers	Grains ½	Karats.	32èmes	Milliem.	Deniers	Grains ½
10	22	445	5	8 »	12	»	500	6	» »	13	10	555	6	15 ½
10	23	446	5	8 »	12	1	501	6	» »	13	11	556	6	16 »
10	23	447	5	8 ½	12	2	502	6	» ½	13	12	557	6	16 »
10	24	448	5	9 »	12	2	503	6	» ½	13	13	558	6	16 ½
10	25	449	5	9 »	12	3	504	6	1 »	13	14	559	6	16 ½
10	26	450	5	9 ½	12	4	505	6	1 »	13	14	560	6	17 »
10	26	451	5	9 ½	12	5	506	6	1 ½	13	15	561	6	17 ½
10	27	452	5	10 »	12	5	507	6	2 »	13	16	562	6	17 ½
10	28	453	5	10 »	12	6	508	6	2 »	13	16	563	6	18 »
10	29	454	5	10 ½	12	7	509	6	2 ½	13	17	564	6	18 »
10	39	455	5	11 »	12	8	510	6	2 ½	13	18	565	6	18 ½
10	30	456	5	11 »	12	8	511	6	3 »	13	19	566	6	19 »
10	31	457	5	11 ½	12	9	512	6	3 »	13	19	567	6	19 »
11	»	458	5	11 ½	12	10	513	6	3 ½	13	20	568	6	19 ½
11	1	459	5	12 »	12	11	514	6	4 »	13	21	569	6	19 ½
11	1	460	5	12 »	12	12	515	6	4 »	13	22	570	6	20 »
11	2	461	5	12 ½	12	12	516	6	4 ½	13	23	571	6	20 »
11	3	462	5	13 »	12	13	517	6	4 ½	13	23	572	6	20 ½
11	4	463	5	13 »	12	14	518	6	5 «	13	24	573	6	21 »
11	4	464	5	13 ½	12	15	519	6	5 »	13	25	574	6	21 »
11	5	465	5	13 ½	12	15	520	6	5 ½	13	26	575	6	21 ½
11	6	466	5	14 »	12	16	521	6	6 «	13	26	576	6	21 ½
11	7	467	5	14 »	12	17	522	6	6 «	13	27	577	6	22 »
11	7	468	5	14 ½	12	18	523	6	6 ½	13	28	578	6	22 »
11	8	469	5	15 »	12	18	524	6	6 ½	13	29	579	6	22 ½
11	9	470	5	15 »	12	19	525	6	7 »	13	29	580	6	23 »
11	10	471	5	15 ½	12	20	526	6	7 »	13	30	581	6	23 »
11	10	472	5	15 ½	12	21	527	6	7 ½	13	31	582	6	23 ½
11	11	473	5	16 »	12	22	528	6	8 »	14	»	583	6	23 ½
11	12	474	5	16 ½	12	22	529	6	8 »	14	1	584	7	» »
11	13	475	5	16 ½	12	23	530	6	8 ½	14	1	585	7	» »
11	14	476	5	17 »	12	24	531	6	8 ½	14	2	586	7	» ½
11	14	477	5	17 »	12	25	532	6	9 »	14	3	587	7	1 »
11	15	478	5	17 ½	12	25	533	6	9 ½	14	4	588	7	1 »
11	16	479	5	17 ½	12	26	534	6	9 ½	14	4	589	7	1 ½
11	17	480	5	18 »	12	27	535	6	10 »	14	5	590	7	1 ½
11	17	481	5	18 ½	12	28	536	6	10 »	14	6	591	7	2 »
11	18	482	5	18 ½	12	28	537	6	10 ½	14	7	592	7	2 »
11	19	483	5	19 »	12	29	538	6	10 ½	14	7	593	7	2 ½
11	20	484	5	19 »	12	30	539	6	11 »	14	8	594	7	3 »
11	20	485	5	19 ½	12	31	540	6	11 ½	14	9	595	7	3 »
11	21	486	5	19 ½	12	31	541	6	11 ½	14	10	596	7	3 ½
11	22	487	5	20 »	13	»	542	6	12 »	14	10	597	7	3 ½
11	23	488	5	20 ½	13	1	543	6	12 »	14	11	598	7	4 »
11	24	489	5	20 ½	13	2	544	6	12 ½	14	12	599	7	4 ½
11	24	490	5	21 »	13	3	545	6	12 ½	14	13	600	7	4 ½
11	25	491	5	21 »	13	3	546	6	13 »	14	14	601	7	5 »
11	26	492	5	21 ½	13	4	547	6	13 ½	14	14	602	7	5 »
11	27	493	5	21 ½	13	5	548	6	13 ½	14	15	603	7	5 ½
11	27	494	5	22 »	13	6	549	6	14 »	14	16	604	7	5 ½
11	28	495	5	22 ½	13	6	550	6	14 »	14	17	605	7	6 »
11	29	496	5	22 ½	13	7	551	6	14 ½	14	17	606	7	6 ½
11	30	497	5	23 »	13	8	552	6	14 ½	14	18	607	7	6 ½
11	30	498	5	23 »	13	9	553	6	15 «	14	19	608	7	7 »
11	31	499	5	23 ½	13	9	554	6	15 ½	14	20	609	7	7 »

TITRES					TITRES					TITRES				
ANCIEN OR.		NOUV.	ANCIEN ARGENT.		ANCIEN OR.		NOUV.	ANCIEN ARGENT.		ANCIEN OR.		NOUV.	ANCIEN ARGENT.	
Karats.	32emes	Milliem.	Deniers	Grains ½	Karats.	32emes	Milliem.	Deniers	Grains ½	Karats.	32emes	Milliem.	Deniers	Grains ½
14	20	610	7	7 ½	15	31	665	7	23 ½	17	9	720	8	15 »
14	21	611	7	7 ½	15	31	666	7	23 ½	17	10	721	8	15 ½
14	22	612	7	8 »	16	»	667	8	» »	17	10	722	8	15 ½
14	23	613	7	8 ½	16	1	668	8	» »	17	11	723	8	16 »
14	24	614	7	8 ½	16	2	669	8	» ½	17	12	724	8	16 ½
14	24	615	7	9 »	16	3	670	8	» ½	17	13	725	8	16 ½
14	25	616	7	9 »	16	3	671	8	1 »	17	14	726	8	17 »
14	26	617	7	9 ½	16	4	672	8	1 ½	17	14	727	8	17 »
14	27	618	7	9 ½	16	5	673	8	1 ½	17	15	728	8	17 ½
14	27	619	7	10 »	16	6	674	8	2 »	17	16	729	8	17 ½
14	28	620	7	10 ½	16	6	675	8	2 »	17	17	730	8	18 »
14	29	621	7	10 ½	16	7	676	8	2 ½	17	17	731	8	18 ½
14	30	622	7	11 »	16	8	677	8	2 ½	17	18	732	8	18 ½
14	30	623	7	11 »	16	9	678	8	3 »	17	19	733	8	19 »
14	31	624	7	11 ½	16	9	679	8	3 ½	17	20	734	8	19 »
15	»	625	7	12 »	16	10	680	8	3 ½	17	20	735	8	19 ½
15	1	626	7	12 »	16	11	681	8	4 »	17	21	736	8	19 ½
15	2	627	7	12 ½	16	12	682	8	4 »	17	22	737	8	20 »
15	2	628	7	12 ½	16	13	683	8	4 ½	17	23	738	8	20 ½
15	3	629	7	13 »	16	13	684	8	4 ½	17	24	739	8	20 ½
15	4	630	7	13 »	16	14	685	8	5 »	17	24	740	8	21 »
15	5	631	7	13 ½	16	15	686	8	5 ½	17	25	741	8	21 »
15	5	632	7	14 »	16	16	687	8	5 ½	17	26	742	8	21 ½
15	6	633	7	14 »	16	16	688	8	6 »	17	27	743	8	21 ½
15	7	634	7	14 ½	16	17	689	8	6 »	17	27	744	8	22 »
15	8	635	7	14 ½	16	18	690	8	6 ½	17	28	745	8	22 ½
15	8	636	7	15 »	16	19	691	8	7 »	17	29	746	8	22 ½
15	9	637	7	15 »	16	19	692	8	7 »	17	30	747	8	23 »
15	10	638	7	15 ½	16	20	693	8	7 ½	17	30	748	8	23 »
15	11	639	7	16 »	16	21	694	8	7 ½	17	31	749	8	23 ½
15	12	640	7	16 »	16	22	695	8	8 »	18	»	750	9	» »
15	12	641	7	16 ½	16	23	696	8	8 »	18	1	751	9	» »
15	13	642	7	16 ½	16	23	697	8	8 ½	18	2	752	9	» ½
15	14	643	7	17 »	16	24	698	8	9 »	18	2	753	9	» ½
15	15	644	7	17 »	16	25	699	8	9 »	18	3	754	9	1 »
15	15	645	7	17 ½	16	26	700	8	9 ½	18	4	755	9	1 »
15	16	646	7	18 »	16	26	701	8	9 ½	18	5	756	9	1 ½
15	17	647	7	18 »	16	27	702	8	10 »	18	5	757	9	2 »
15	18	648	7	18 ½	16	28	703	8	10 »	18	6	758	9	2 »
15	18	649	7	18 ½	16	29	704	8	10 ½	18	7	759	9	2 ½
15	19	650	7	19 »	16	29	705	8	11 »	18	8	760	9	2 ½
15	20	651	7	19 »	16	30	706	8	11 »	18	8	761	9	3 »
15	21	652	7	19 ½	16	31	707	8	11 ½	18	9	762	9	3 »
15	22	653	7	20 »	17	»	708	8	11 ½	18	10	763	9	3 ½
15	22	654	7	20 »	17	1	709	8	12 »	18	11	764	9	4 »
15	23	655	7	20 ½	17	1	710	8	12 »	18	12	765	9	4 »
15	24	656	7	20 ½	17	2	711	8	12 ½	18	12	766	9	4 ½
15	25	657	7	21 »	17	3	712	8	13 »	18	13	767	9	4 ½
15	25	658	7	21 ½	17	4	713	8	13 »	18	14	768	9	5 »
15	26	659	7	21 ½	17	4	714	8	13 ½	18	15	769	9	5 »
15	27	660	7	22 »	17	5	715	8	13 ½	18	15	770	9	5 ½
15	28	661	7	22 »	17	6	716	8	14 »	18	16	771	9	6 »
15	28	662	7	22 ½	17	7	717	8	14 »	18	17	772	9	6 »
15	29	663	7	22 ½	17	7	718	8	14 ½	18	18	773	9	6 ½
15	30	664	7	23 »	17	8	719	8	15 »	18	18	774	9	6 ½

TITRES					TITRES					TITRES				
ANCIEN OR.		NOUV.	ANCIEN ARGENT.		ANCIEN OR.		NOUV.	ANCIEN ARGENT.		ANCIEN OR.		NOUV.	ANCIEN ARGENT.	
Karats.	32emes	Millièm.	Deniers	Grains ½.	Karats.	52emes	Millièm.	Deniers	Grains ½.	Karats.	32emes	Millièm.	Deniers	Grains ½.
18	19	775	9	7 »	19	29	830	9	23 »	21	8	885	10	14 ½
18	20	776	9	7 »	19	30	831	9	23 »	21	8	886	10	15 »
18	21	777	9	7 ½	19	31	832	9	23 ½	21	9	887	10	15 »
18	22	778	9	8 »	20	»	833	9	23 ½	21	10	888	10	15 ½
18	22	779	9	8 »	20	1	834	10	» »	21	11	889	10	16 »
18	23	780	9	8 ½	20	1	835	10	» »	21	12	890	10	16 »
18	24	781	9	8 ½	20	2	836	10	» ½	21	12	891	10	16 ½
18	25	782	9	9 »	20	3	837	10	1 »	21	13	892	10	16 ½
18	25	783	9	9 ½	20	4	838	10	1 »	21	14	893	10	17 »
18	26	784	9	9 ½	20	4	839	10	1 ½	21	15	894	10	17 »
18	27	785	9	10 »	20	5	840	10	1 ½	21	15	895	10	17 ½
18	28	786	9	10 »	20	6	841	10	2 »	21	16	896	10	18 »
18	28	787	9	10 ½	20	7	842	10	2 »	21	17	897	10	18 »
18	29	788	9	10 ½	20	7	843	10	2 ½	21	18	898	10	18 ½
18	30	789	9	11 »	20	8	844	10	3 »	21	18	899	10	18 ½
18	31	790	9	11 ½	20	9	845	10	3 »	21	19	900	10	19 »
18	31	791	9	11 ½	20	10	846	10	3 ½	21	20	901	10	19 »
19	»	792	9	12 »	20	10	847	10	3 ½	21	21	902	10	19 ½
19	1	793	9	12 »	20	11	848	10	4 »	21	22	903	10	20 »
19	2	794	9	12 ½	20	12	849	10	4 ½	21	22	904	10	20 »
19	3	795	9	12 ½	20	13	850	10	4 ½	21	23	905	10	20 ½
19	3	796	9	13 »	20	14	851	10	5 »	21	24	906	10	20 ½
19	4	797	9	13 ½	20	14	852	10	5 »	21	25	907	10	21 »
19	5	798	9	13 ½	20	15	853	10	5 ½	21	25	908	10	21 ½
19	6	799	9	14 »	20	16	854	10	5 ½	21	26	909	10	21 ½
19	6	800	9	14 »	20	17	855	10	6 »	21	27	910	10	22 »
19	7	801	9	14 ½	20	17	856	10	6 ½	21	28	911	10	22 »
19	8	802	9	14 ½	20	18	857	10	6 ½	21	28	912	10	22 ½
19	9	803	9	15 »	20	19	858	10	7 »	21	29	913	10	22 ½
19	9	804	9	15 ½	20	20	859	10	7 »	21	30	914	10	23 »
19	10	805	9	15 ½	20	20	860	10	7 ½	21	31	915	10	23 ½
19	11	806	9	16 »	20	21	861	10	7 ½	21	31	916	10	23 ½
19	12	807	9	16 »	20	22	862	10	8 »	22	»	917	11	» »
19	13	808	9	16 ½	20	23	863	10	8 ½	22	1	918	11	» »
19	13	809	9	16 ½	20	24	864	10	8 ½	22	2	919	11	» ½
19	14	810	9	17 »	20	24	865	10	9 »	22	3	920	11	» ½
19	15	811	9	17 ½	20	25	866	10	9 »	22	3	921	11	1 »
19	16	812	9	17 ½	20	26	867	10	9 ½	22	4	922	11	1 ½
19	16	813	9	18 »	20	27	868	10	9 ½	22	5	923	11	1 ½
19	17	814	9	18 »	20	27	869	10	10 »	22	6	924	11	2 »
19	18	815	9	18 ½	20	28	870	10	10 ½	22	6	925	11	2 »
19	19	816	9	19 »	20	29	871	10	10 ½	22	7	926	11	2 ½
19	19	817	9	19 »	20	30	872	10	11 »	22	8	927	11	2 ½
19	20	818	9	19 ½	20	30	873	10	11 »	22	9	928	11	3 »
19	21	819	9	19 ½	20	31	874	10	11 ½	22	9	929	11	3 ½
19	22	820	9	20 »	21	»	875	10	12 »	22	10	930	11	3 ½
19	23	821	9	20 »	21	1	876	10	12 »	22	11	931	11	4 »
19	23	822	9	20 ½	21	2	877	10	12 ½	22	12	932	11	4 »
19	24	823	9	21 »	21	2	878	10	12 ½	22	13	933	11	4 ½
19	25	824	9	21 »	21	3	879	10	13 »	22	13	934	11	4 ½
19	26	825	9	21 ½	21	4	880	10	13 »	22	14	935	11	5 »
19	26	826	9	21 ½	21	5	881	10	13 ½	22	15	936	11	5 ½
19	27	827	9	22 »	21	5	882	10	14 »	22	16	937	11	5 ½
19	28	828	9	22 »	21	6	883	10	14 »	22	16	938	11	6 »
19	29	829	9	22 ½	21	7	884	10	14 ½	22	17	939	11	6 »

TITRES					TITRES					TITRES				
ANCIEN OR.		NOUV.	ANCIEN ARGENT.		ANCIEN OR.		NOUV.	ANCIEN ARGENT.		ANCIEN OR.		NOUV.	ANCIEN ARGENT.	
Karats.	32emes	Millièm.	Deniers	Grains ½	Karats.	32emes	Millièm.	Deniers	Grains ½	Karats.	32emes	Millièm.	Deniers	Grains ½
22	18	940	11	6 ½	23	2	961	11	12 ½	23	18	982	11	18 ½
22	19	941	11	7 »	23	3	962	11	13 »	23	19	983	11	19 »
22	19	942	11	7 »	23	4	963	11	13 »	23	20	984	11	19 »
22	20	943	11	7 ½	23	4	964	11	13 ½	23	20	985	11	19 ½
22	21	944	11	7 ½	23	5	965	11	13 ½	23	21	986	11	19 ½
22	22	945	11	8 »	23	6	966	11	14 »	23	22	987	11	20 »
22	23	946	11	8 »	23	7	967	11	14 »	23	23	988	11	20 ½
22	23	947	11	8 ½	23	8	968	11	14 ½	23	24	989	11	20 ½
22	24	948	11	9 »	23	8	969	11	15 »	23	24	990	11	21 »
22	25	949	11	9 »	23	9	970	11	15 »	23	25	991	11	21 »
22	26	950	11	9 ½	23	10	971	11	15 ½	23	26	992	11	21 ½
22	26	951	11	9 ½	23	10	972	11	15 ½	23	27	993	11	21 ½
22	27	952	11	10 »	23	11	973	11	16 »	23	27	994	11	22 »
22	28	953	11	10 »	23	12	974	11	16 ½	23	28	995	11	22 ½
22	29	954	11	10 ½	23	13	975	11	16 ½	23	29	996	11	22 ½
22	29	955	11	11 »	23	14	976	11	17 »	23	30	997	11	23 »
22	30	956	11	11 »	23	14	977	11	17 »	23	30	998	11	23 »
22	31	957	11	11 ½	23	15	978	11	17 ½	23	31	999	11	23 ½
23	»	958	11	11 ½	23	16	979	11	17 ½	24	»	1000	12	» »
23	1	959	11	12 »	23	17	980	11	18 »					
23	1	960	11	12 »	23	17	981	11	18 ½					

TABLE DE CORRESPONDANCE

Du titre ancien avec le nouveau pour l'Or et l'Argent.

Conversion des karats et trente-deuxième de fin en millième et fractions milésimales.

Karats.	Milliémes.	Fractions.	32emes	Milliémes.	Fractions.
1	41	666 512	1	1	302 064
2	83	333 256	2	2	604 128
3	125	000 000	3	3	906 192
4	166	666 512	4	5	208 256
5	208	333 256	5	6	510 320
6	250	000 000	6	7	812 384
7	291	666 512	7	9	114 448
8	333	333 256	8	10	416 512
9	375	000 000	9	11	718 576
10	416	666 512	10	13	020 640
11	458	333 256	11	14	322 704
12	500	000 000	12	15	625 000
13	541	666 512	13	16	927 064
14	583	333 256	14	18	229 128
15	625	000 000	15	19	531 192
16	666	666 512	16	20	833 256
17	708	333 256	17	22	135 320
18	750	000 000	18	23	437 384
19	791	666 512	19	24	739 448
20	833	333 256	20	26	041 512
21	875	000 000	21	27	343 576
22	916	666 512	22	28	645 640
23	958	333 256	23	29	947 704
24	1000	000 000	24	31	250 000
			25	32	552 064
			26	33	854 128
			27	35	156 192
			28	36	458 256
			29	37	760 320
			30	39	062 384
			31	40	364 448
			32	41	666 512

Conversion des deniers et grains de fin en millièmes avec fractions milésimales.

Den.	Millièmes.	Fractions.	Grains.	Millièmes.	Fractions.
			½	1	736 032
1	83	333 096	1	3	472 064
2	166	666 192	2	6	944 128
3	250	000 000	3	10	416 192
4	333	333 096	4	13	888 256
5	416	666 192	5	17	361 032
6	500	000 000	6	20	833 096
7	583	333 096	7	24	305 160
8	666	666 192	8	27	777 224
9	750	000 000	9	31	250 000
10	833	333 096	10	34	722 064
11	916	666 192	11	38	194 128
12	1000	000 000	12	41	666 192
			13	45	138 256
			14	48	601 032
			15	52	083 086
			16	55	555 160
			17	59	027 224
			18	62	500 000
			19	65	972 064
			20	69	444 128
			21	72	916 192
			22	76	388 256
			23	79	861 032
			24	83	333 096

TABLE DE CORRESPONDANCE

Du titre nouveau avec le titre ancien.

Conversion des millièmes en Karats et trente-deuxième de fin.			
Millièmes.	Karats.	32emes	Fractions.
1	00	00	768
2	00	1	536
3	»	2	304
4	»	3	072
5	»	3	840
6	»	4	608
7	»	5	376
8	»	6	144
9	»	6	912
10	»	7	680
20	»	15	360
30	»	23	040
40	»	30	720
50	1	6	400
60	1	14	080
70	1	21	760
80	1	29	440
90	2	5	120
100	2	12	800
200	4	25	600
300	7	6	400
400	9	19	200
500	12	00	000
600	14	12	800
700	16	25	600
800	19	06	400
900	21	19	200
1000	24	00	000

Conversion des millièmes en deniers et grains de fin.				
Millièmes.	Deniers.	Grains.	$\frac{1}{2}$	Fractions.
1	»	»	»	288
2	»	»	$\frac{1}{2}$	076
3	»	»	$\frac{1}{2}$	364
4	»	1	»	152
5	»	1	»	440
6	»	1	$\frac{1}{2}$	228
7	»	2	»	016
8	»	2	»	304
9	»	2	$\frac{1}{2}$	092
10	»	2	$\frac{1}{2}$	380
20	»	5	$\frac{1}{2}$	260
30	»	8	$\frac{1}{2}$	140
40	»	11	$\frac{1}{2}$	020
50	»	14	»	400
60	»	17	»	280
70	»	20	»	160
80	»	23	»	400
90	1	1	$\frac{1}{2}$	420
100	1	4	$\frac{1}{2}$	300
200	2	9	$\frac{1}{2}$	100
300	3	14	»	400
400	4	19	»	200
500	6	»	»	...
600	7	4	$\frac{1}{2}$	300
700	8	9	$\frac{1}{2}$	100
800	9	14	»	400
900	10	19	»	200
1000	12	»	»	»

TABLE DE CONVERSION

Des marcs, onces, gros et grains en kilogrames, hectogrames, etc. ou LIVRES *et de leurs divisions et sous-divisions suivant le nouveau système.*

ANCIEN POIDS.	NOUVEAU POIDS,						ANCIEN POIDS.	NOUVEAU POIDS,					
Grains.	Kilograme.	Hect.	Décag.	Gram.	Décig.	Fract.	Marcs.	Kilograme.	Hect.	Décag.	Gram.	Décig.	Fract.
	Ou livres nouvelles.	Ou onces nouvelles.	Ou gros nouveaux.	Ou deniers nouveaux.	Ou grains nouveaux.	Milligrains. Centigrains.		Ou livres nouvelles.	Ou onces nouvelles.	Ou gros nouveaux.	Ou deniers nouveaux.	Ou grains nouveaux.	Milligrains. Centigrains.
1	»	»	»	»	»	53	8	1	9	5	8	»	23
2	»	»	»	»	1	06	9	2	2	»	2	7	76
3	»	»	»	»	1	59	10	2	4	4	7	5	29
4	»	»	»	»	2	12	20	4	8	9	5	»	58
5	»	»	»	»	2	65	30	7	3	4	2	5	87
6	»	»	»	»	3	18	40	9	7	9	0	1	16
7	»	»	»	»	3	71	50	12	2	3	7	6	46
8	»	»	»	»	4	24	60	14	6	8	5	6	75
9	»	»	»	»	4	78	70	17	1	3	2	7	04
10	»	»	»	»	5	31	80	19	5	8	0	2	33
11	»	»	»	»	5	84	90	22	»	2	7	7	63
12	»	»	»	»	6	37	100	24	4	7	5	2	92
1 den.	»	»	»	1	2	74	200	48	9	5	0	5	84
2	»	»	»	2	5	49	300	73	4	2	5	8	77
1 gros.	»	»	»	3	8	24	400	97	9	0	1	1	69
2	»	»	»	7	6	48	500	122	3	7	6	4	62
3	»	»	1	1	1	72	600	146	8	5	1	7	54
4	»	»	1	5	2	97	700	171	3	2	7	»	47
5	»	»	1	9	1	21	800	195	8	0	2	3	37
6	»	»	2	2	9	45	900	220	2	7	7	6	32
7	»	»	2	6	7	69	1,000	244	7	5	2	9	24
1 onces.	»	»	3	0	5	94	2,000	489	5	0	5	8	49
2	»	»	6	1	1	88	3,000	734	2	5	8	7	74
3	»	»	9	1	7	82	4,000	979	0	1	1	6	98
4	»	1	2	2	3	76	5,000	1223	7	6	4	6	23
5	»	1	5	2	9	70	10,000	2447	5	2	9	2	46
6	»	1	8	3	5	64	20,000	4895	0	5	8	4	93
7	»	2	1	4	1	58	30,000	7342	5	8	7	7	40
1 marcs.	»	2	4	4	7	52	40,000	9790	1	1	6	9	86
2	»	4	8	9	5	05	50,000	12237	6	4	6	2	33
3	»	7	3	4	2	58	60,000	14685	1	7	5	4	80
4	»	9	7	9	»	11	70,000	17132	7	0	4	7	27
5	1	2	2	3	7	64	80,000	19580	2	3	3	9	73
6	1	4	6	8	5	17	90,000	22027	7	6	3	2	20
7	1	7	1	3	2	70	100,000	24475	2	9	2	4	67

TABLE DE CONVERSION

Des kilogrames, hectogrames, décagrames, grames, décigrames, centigrames, milligrames ou LIVRE, *et de ses divisions et sous-divisions d'après le nouveau systême en* MARCS, ONCES, GROS, DENIERS, *et* GRAINS, *du poids de marcs avec les fractions.*

POIDS NOUVEAU.	POIDS ANCIEN.					POIDS NOUVEAU.	POIDS ANCIEN.				
Milligrames.	Marcs.	Onces.	Gros.	Den.	Grains Fractions.	Décagrames.	Marcs.	Onces.	Gros.	Den.	Grains.
1	»	»	»	»	» 018	ou gros nouv. 6	»	1	7	2	1 629
2	»	»	»	»	» 037	7	»	2	2	»	21 900
3	»	»	»	»	» 056	8	»	2	4	2	18 172
4	»	»	»	»	» 075	9	»	2	7	1	14 443
5	»	»	»	»	» 094	Hectogrames ou gros. 1	»	3	2	»	10 715
6	»	»	»	»	» 112	2	»	6	4	»	21 430
7	»	»	»	»	» 131	3	1	1	6	1	8 145
8	»	»	»	»	» 150	4	1	5	»	1	18 860
9	»	»	»	»	» 169	5	2	»	2	2	5 575
Centigrames 10	»	»	»	»	» 188	6	2	3	4	2	16 290
20	»	»	»	»	» 376	7	2	6	7	»	3 005
30	»	»	»	»	» 564	8	3	2	1	»	13 720
40	»	»	»	»	» 753	9	3	5	3	1	» 435
50	»	»	»	»	» 941	Kilogrames ou livres. 1	4	»	5	1	11 15
60	»	»	»	»	1 129	2	8	1	2	2	22 30
70	»	»	»	»	1 317	3	12	2	»	1	9 45
80	»	»	»	»	1 506	4	16	2	5	2	20 60
90	»	»	»	»	1 694	5	20	3	3	1	7 75
Décigram. ou grains. 100	»	»	»	»	1 882	6	24	4	»	2	18 90
200	»	»	»	»	3 765	7	28	4	6	1	6 05
300	»	»	»	»	5 648	8	32	5	3	2	17 20
400	»	»	»	»	7 530	9	36	6	1	1	4 35
500	»	»	»	»	9 413	10	40	6	6	2	15 5
600	»	»	»	»	11 229	20	81	5	5	2	7 0
700	»	»	»	»	13 179	30	122	4	4	1	22 5
800	»	»	»	»	15 061	40	163	3	3	1	14 0
900	»	»	»	»	16 944	50	204	2	2	1	5 5
Grames ou den. 1,000	»	»	»	»	18 827	60	245	1	1	»	21 0
2,000	»	»	»	1	13 654	70	286	»	»	»	12 5
3,000	»	»	»	2	8 481	80	326	6	7	»	4 0
4,000	»	»	1	»	3 308	90	367	5	5	2	19 5
5,000	»	»	1	»	22 135	100	408	4	4	2	11 0
6,000	»	»	1	1	16 962	200	817	1	1	1	22 »
7,000	»	»	1	2	11 790	300	1225	5	6	1	9 »
8,000	»	»	2	»	6 617	400	1634	2	3	»	20 »
9,000	»	»	2	1	1 444	500	2042	7	»	»	7 »
Décag. ou gros. 10,000	»	»	2	1	20 271	600	2451	3	4	2	18 »
20,000	»	»	5	»	16 543	700	2860	»	1	1	5 »
30,000	»	»	7	2	12 814	800	3268	4	6	1	16 »
40,000	»	1	2	1	9 086	900	3677	1	3	1	13 »
50,000	»	1	5	»	5 357	1,000	4085	6	»	»	14 »

ONCES

NOUVELLE à 320 f.			ANCIENNE à 99 liv. 2 s. 6 d.				
TITRES.	VALEURS.		TITRES.		VALEURS.		
Millièm.	Francs.	Cent.	Karats.	32emes	Livres.	Sols.	Den.
1	»	32	»	1	»	2	6
2	»	64	»	2	»	5	1
3	»	96	»	3	»	7	8
4	1	28	»	4	»	10	3
5	1	60	»	5	»	12	10
6	1	92	»	6	»	15	5
7	2	24	»	7	»	18	»
8	2	56	»	8	1	»	7
9	2	88	»	9	1	3	2
10	3	20	»	10	1	5	9
11	3	52	»	11	1	8	4
12	3	84	»	12	1	10	11
13	4	16	»	13	1	13	6
14	4	48	»	14	1	16	1
15	4	80	»	15	1	18	8
16	5	12	»	16	2	1	3
17	5	44	»	17	2	3	10
18	5	76	»	18	2	6	5
19	6	08	»	19	2	9	»
20	6	40	»	20	2	11	7
21	6	72	»	21	2	14	2
22	7	04	»	22	2	16	9
23	7	36	»	23	2	19	4
24	7	68	»	24	3	1	11
25	8	00	»	25	3	4	6
26	8	32	»	26	3	7	1
27	8	64	»	27	3	9	8
28	8	96	»	28	3	12	3
29	9	28	»	29	3	14	10
30	9	60	»	30	3	17	5
31	9	92	»	31	4	»	»
32	10	24	1	»	4	2	7
33	10	56	2	»	8	5	2
34	10	88	3	»	12	7	9
35	11	20	4	»	16	10	5
36	11	52	5	»	20	13	»
37	11	84	6	»	24	15	7
38	12	16	7	»	28	18	2
39	12	48	8	»	33	»	10
40	12	80	9	»	37	3	5
50	16	00	10	»	41	6	»
60	19	20	11	»	45	8	7
70	22	40	12	»	49	11	3
80	25	60	13	»	53	13	10
90	28	80	14	»	57	16	5
100	32	00	15	»	61	19	»
200	64	00	16	»	66	1	8
300	96	00	17	»	70	4	3
400	128	00	18	»	74	6	10
500	160	00	19	»	78	9	5
600	192	00	20	»	82	12	1
700	224	00	21	»	86	14	8
800	256	00	22	»	90	17	3
900	288	00	23	»	94	19	10
1000	320	00	24	»	99	2	6

ONCES

NOUV. à 320 f. 25 c.			ANCIENNE à 99 liv. 4 s.				
TITRES.	VALEURS.		TITRES.		VALEURS.		
Millièm.	Francs.	Cent.	Karats.	32emes	Livres.	Sols.	Den.
1	»	32	»	1	»	2	7
2	»	64	»	2	»	5	2
3	»	96	»	3	»	7	9
4	1	28	»	4	»	10	4
5	1	60	»	5	»	12	11
6	1	92	»	6	»	15	6
7	2	24	»	7	»	18	1
8	2	56	»	8	1	»	8
9	2	88	»	9	1	3	3
10	3	20	»	10	1	5	10
11	3	52	»	11	1	8	5
12	3	84	»	12	1	11	»
13	4	16	»	13	1	13	7
14	4	48	»	14	1	16	2
15	4	80	»	15	1	18	9
16	5	12	»	16	2	1	4
17	5	44	»	17	2	3	11
18	5	76	»	18	2	6	6
19	6	08	»	19	2	9	1
20	6	40	»	20	2	11	8
21	6	72	»	21	2	14	3
22	7	04	»	22	2	16	10
23	7	36	»	23	2	19	5
24	7	68	»	24	3	2	»
25	8	00	»	25	3	4	7
26	8	32	»	26	3	7	2
27	8	64	»	27	3	9	9
28	8	96	»	28	3	12	4
29	9	28	»	29	3	14	11
30	9	60	»	30	3	17	6
31	9	92	»	31	4	»	1
32	10	24	1	»	4	2	8
33	10	56	2	»	8	5	4
34	10	88	3	»	12	8	»
35	11	20	4	»	16	10	8
36	11	52	5	»	20	13	4
37	11	84	6	»	24	16	»
38	12	16	7	»	28	18	8
39	12	48	8	»	33	1	4
40	12	81	9	»	37	4	»
50	16	01	10	»	41	6	8
60	19	21	11	»	45	9	4
70	22	41	12	»	49	12	»
80	25	62	13	»	53	14	8
90	28	82	14	»	57	17	4
100	32	02	15	»	62	»	»
200	64	05	16	»	66	2	8
300	96	07	17	»	70	5	4
400	128	10	18	»	74	8	»
500	160	12	19	»	78	10	8
600	192	15	20	»	82	13	4
700	224	17	21	»	86	16	»
800	256	20	22	»	90	18	8
900	288	22	23	»	95	1	4
1000	320	25	24	»	99	4	»

ONCES									ONCES								
NOUV. à 320 f. 50 c.			ANCIENNE à 99 liv. 5 s. 8 d.						NOUV. à 320 f. 75 c.			ANCIENNE à 99 liv. 7 s. 1 d.					
TITRES.	VALEURS.		TITRES.		VALEURS.				TITRES.	VALEURS.		TITRES.		VALEURS.			
Milliém.	Francs.	Cent.	Karats.	32emes	Livres.	Sols.	Den.		Milliém.	Francs.	Cent.	Karats.	32emes	Livres.	Sols.	Den.	
1	»	32	»	1	»	2	7		1	»	32	»	1	»	2	7	
2	»	64	»	2	»	5	2		2	»	64	»	2	»	5	2	
3	»	96	»	3	»	7	9		3	»	96	»	3	»	7	9	
4	1	28	»	4	»	10	4		4	1	28	»	4	»	10	4	
5	1	60	»	5	»	12	11		5	1	60	»	5	»	12	11	
6	1	92	»	6	»	15	6		6	1	92	»	6	»	15	6	
7	2	24	»	7	»	18	1		7	2	24	»	7	»	18	1	
8	2	56	»	8	1	»	8		8	2	56	»	8	1	»	8	
9	2	88	»	9	1	3	3		9	2	88	»	9	1	3	3	
10	3	20	»	10	1	5	10		10	3	20	»	10	1	5	10	
11	3	52	»	11	1	8	5		11	3	52	»	11	1	8	5	
12	3	84	»	12	1	11	»		12	3	84	»	12	1	11	»	
13	4	16	»	13	1	13	7		13	4	16	»	13	1	13	7	
14	4	48	»	14	1	16	2		14	4	49	»	14	1	16	2	
15	4	80	»	15	1	18	9		15	4	81	»	15	1	18	9	
16	5	12	»	16	2	1	4		16	5	13	»	16	2	1	4	
17	5	44	»	17	2	3	11		17	5	45	»	17	2	3	11	
18	5	76	»	18	2	6	6		18	5	77	»	18	2	6	6	
19	6	08	»	19	2	9	1		19	6	09	»	19	2	9	1	
20	6	41	»	20	2	11	8		20	6	41	»	20	2	11	8	
21	6	73	»	21	2	14	3		21	6	73	»	21	2	14	4	
22	7	05	»	22	2	16	10		22	7	05	»	22	2	16	11	
23	7	37	»	23	2	19	5		23	7	37	»	23	2	19	6	
24	7	69	»	24	3	2	»		24	7	69	»	24	3	2	1	
25	8	01	»	25	3	4	7		25	8	01	»	25	3	4	8	
26	8	33	»	26	3	7	2		26	8	33	»	26	3	7	3	
27	8	65	»	27	3	9	9		27	8	66	»	27	3	9	10	
28	8	97	»	28	3	12	4		28	8	98	»	28	3	12	5	
29	9	29	»	29	3	14	11		29	9	30	»	29	3	15	»	
30	9	61	»	30	3	17	6		30	9	62	»	30	3	17	7	
31	9	93	»	31	4	»	1		31	9	94	»	31	4	»	2	
32	10	25	1	»	4	2	8		32	10	26	1	»	4	2	9	
33	10	57	2	»	8	5	5		33	10	58	2	»	8	5	7	
34	10	89	3	»	12	8	2		34	10	90	3	»	12	8	4	
35	11	21	4	»	16	10	11		35	11	22	4	»	16	11	2	
36	11	53	5	»	20	13	8		36	11	54	5	»	20	13	11	
37	11	85	6	»	24	16	5		37	11	86	6	»	24	16	9	
38	12	17	7	»	28	19	1		38	12	18	7	»	28	19	6	
39	12	49	8	»	33	1	10		39	12	50	8	»	33	2	4	
40	12	82	9	»	37	4	7		40	12	83	9	»	37	5	1	
50	16	02	10	»	41	7	4		50	16	03	10	»	41	7	11	
60	19	23	11	»	45	10	1		60	19	24	11	»	45	10	8	
70	22	43	12	»	49	12	10		70	22	45	12	»	49	13	6	
80	25	64	13	»	53	15	6		80	25	66	13	»	53	16	4	
90	28	84	14	»	57	18	3		90	28	86	14	»	57	19	1	
100	32	05	15	»	62	1	»		100	32	07	15	»	62	1	11	
200	64	01	16	»	66	3	9		200	64	15	16	»	66	4	8	
300	96	15	17	»	70	6	6		300	96	22	17	»	70	7	6	
400	128	20	18	»	74	9	3		400	128	30	18	»	74	10	3	
500	160	25	19	»	78	11	11		500	160	37	19	»	78	13	1	
600	192	30	20	»	82	14	8		600	192	45	20	»	82	15	10	
700	224	35	21	»	86	17	5		700	224	52	21	»	86	18	8	
800	256	40	22	»	91	»	2		800	256	60	22	»	91	1	5	
900	288	45	23	»	95	2	11		900	288	67	23	»	95	4	3	
1000	320	50	24	»	99	5	8		1000	320	75	24	»	99	7	1	

ONCES							
NOUV. à 321 f.			ANCIENNE à 99 liv. 8 s. 8 d.				
TITRES.	VALEURS.		TITRÉS.		VALEURS.		
Milliem.	Francs.	Cent.	Karats.	32emes	Livres.	Sols.	Den.
1	»	32	»	1	»	2	7
2	»	64	»	2	»	5	2
3	»	96	»	3	»	7	9
4	1	28	»	4	»	10	4
5	1	60	»	5	»	12	11
6	1	92	»	6	»	15	6
7	2	24	»	7	»	18	1
8	2	56	»	8	1	»	8
9	2	88	»	9	1	3	3
10	3	21	»	10	1	5	10
11	3	53	»	11	1	8	5
12	3	85	»	12	1	11	»
13	4	17	»	13	1	13	7
14	4	49	»	14	1	16	3
15	4	81	»	15	1	18	10
16	5	13	»	16	2	1	5
17	5	45	»	17	2	4	»
18	5	77	»	18	2	6	7
19	6	09	»	19	2	9	2
20	6	42	»	20	2	11	9
21	6	74	»	21	2	14	4
22	7	06	»	22	2	16	11
23	7	38	»	23	2	19	6
24	7	70	»	24	3	2	1
25	8	02	»	25	3	4	8
26	8	34	»	26	3	7	3
27	8	66	»	27	3	9	10
28	8	98	»	28	3	12	6
29	9	30	»	29	3	15	1
30	9	63	»	30	3	17	8
31	9	95	»	31	4	»	3
32	10	27	1	»	4	2	10
33	10	59	2	»	8	5	8
34	10	91	3	»	12	8	7
35	11	23	4	»	16	11	5
36	11	55	5	»	20	14	3
37	11	87	6	»	24	17	2
38	12	19	7	»	29	»	»
39	12	51	8	»	33	2	10
40	12	84	9	»	37	5	9
50	16	05	10	»	41	8	7
60	19	26	11	»	45	11	5
70	22	47	12	»	49	14	4
80	25	68	13	»	53	17	2
90	28	89	14	»	58	»	»
100	32	10	15	»	62	2	11
200	64	20	16	»	66	5	9
300	96	30	17	»	70	8	7
400	128	40	18	»	74	11	6
500	160	50	19	»	78	14	4
600	192	60	20	»	82	17	2
700	224	70	21	»	87	»	1
800	256	80	22	»	91	2	11
900	288	90	23	»	95	5	9
1000	321	»	24	»	99	8	8

ONCES							
NOUV. à 321 f. 25 c.			ANCIENNE à 99 liv. 10 s. 2 d.				
TITRES.	VALEURS.		TITRES.		VALEURS.		
Milliem.	Francs.	Cent.	Karats.	32emes	Livres.	Sols.	Den.
1	»	32	»	1	»	2	7
2	»	64	»	2	»	5	2
3	»	96	»	3	»	7	9
4	1	28	»	4	»	10	4
5	1	60	»	5	»	12	11
6	1	92	»	6	»	15	6
7	2	24	»	7	»	18	1
8	2	57	»	8	1	»	8
9	2	89	»	9	1	3	3
10	3	21	»	10	1	5	10
11	3	53	»	11	1	8	6
12	3	85	»	12	1	11	1
13	4	17	»	13	1	13	8
14	4	49	»	14	1	16	3
15	4	81	»	15	1	18	10
16	5	14	»	16	2	1	5
17	5	46	»	17	2	4	»
18	5	78	»	18	2	6	7
19	6	10	»	19	2	9	2
20	6	42	»	20	2	11	9
21	6	74	»	21	2	14	5
22	7	06	»	22	2	17	»
23	7	38	»	23	2	19	7
24	7	70	»	24	3	2	2
25	8	03	»	25	3	4	9
26	8	35	»	26	3	7	4
27	8	67	»	27	3	9	11
28	8	99	»	28	3	12	6
29	9	31	»	29	3	15	1
30	9	63	»	30	3	17	8
31	9	95	»	31	4	»	3
32	10	28	1	»	4	2	11
33	10	60	2	»	8	5	10
34	10	92	3	»	12	8	9
35	11	24	4	»	16	11	8
36	11	56	5	»	20	14	7
37	11	88	6	»	24	17	6
38	12	20	7	»	29	»	5
39	12	52	8	»	33	3	4
40	12	85	9	»	37	6	3
50	16	06	10	»	41	9	2
60	19	27	11	»	45	12	1
70	22	48	12	»	49	15	1
80	25	70	13	»	53	18	»
90	28	91	14	»	58	»	11
100	32	12	15	»	62	3	10
200	64	25	16	»	66	6	9
300	96	37	17	»	70	9	8
400	128	50	18	»	74	12	7
500	160	62	19	»	78	15	6
600	192	75	20	»	82	18	5
700	224	87	21	»	87	1	4
800	257	»	22	»	91	4	3
900	289	12	23	»	95	7	2
1000	321	25	24	»	99	10	2

ONCES								ONCES							
NOUV. à 321 f. 50 c.			ANCIENNE à 99 liv. 11 s. 9 d.					NOUV. à 321 f. 75 c.			ANCIENNE à 99 liv. 13 s. 4 d.				
TITRES.	VALEURS.		TITRES.		VALEURS.			TITRES.	VALEURS.		TITRES.		VALEURS.		
Millièm.	Francs.	Cent.	Karats.	32emes	Livres.	Sols.	Den.	Millièm.	Francs.	Cent.	Karats.	32emes	Livres.	Sols.	Den.
1	»	32	»	1	»	2	7	1	»	32	»	1	»	2	7
2	»	64	»	2	»	5	2	2	»	64	»	2	»	5	2
3	»	96	»	3	»	7	9	3	»	96	»	3	»	7	9
4	1	28	»	4	»	10	4	4	1	28	»	4	»	10	4
5	1	60	»	5	»	12	11	5	1	60	»	5	»	12	11
6	1	92	»	6	»	15	6	6	1	93	»	6	»	15	6
7	2	25	»	7	»	18	1	7	2	25	»	7	»	18	2
8	2	57	»	8	1	»	8	8	2	57	»	8	1	»	9
9	2	89	»	9	1	3	4	9	2	89	»	9	1	3	4
10	3	21	»	10	1	5	11	10	3	21	»	10	1	5	11
11	3	53	»	11	1	8	6	11	3	53	»	11	1	8	6
12	3	85	»	12	1	11	1	12	3	86	»	12	1	11	1
13	4	17	»	13	1	13	8	13	4	18	»	13	1	13	8
14	4	50	»	14	1	16	3	14	4	50	»	14	1	16	4
15	4	82	»	15	1	18	10	15	4	82	»	15	1	18	11
16	5	14	»	16	2	1	5	16	5	14	»	16	2	1	6
17	5	46	»	17	2	4	1	17	5	46	»	17	2	4	1
18	5	78	»	18	2	6	8	18	5	79	»	18	2	6	8
19	6	10	»	19	2	9	3	19	6	11	»	19	2	9	3
20	6	43	»	20	2	11	10	20	6	43	»	20	2	11	10
21	6	75	»	21	2	14	5	21	6	75	»	21	2	14	6
22	7	07	»	22	2	17	»	22	7	07	»	22	2	17	1
23	7	39	»	23	2	19	7	23	7	40	»	23	2	19	8
24	7	71	»	24	3	2	2	24	7	72	»	24	3	2	3
25	8	03	»	25	3	4	10	25	8	04	»	25	3	4	10
26	8	35	»	26	3	7	5	26	8	36	»	26	3	7	5
27	8	68	»	27	3	10	»	27	8	68	»	27	3	10	»
28	9	00	»	28	3	12	7	28	9	00	»	28	3	12	8
29	9	32	»	29	3	15	2	29	9	33	»	29	3	15	3
30	9	64	»	30	3	17	9	30	9	65	»	30	3	17	10
31	9	96	»	31	4	»	4	31	9	87	»	31	4	»	5
32	10	28	1	»	4	2	11	32	10	29	1	»	4	3	»
33	10	60	2	»	8	5	11	33	10	61	2	»	8	6	1
34	10	93	3	»	12	8	11	34	10	93	3	»	12	9	2
35	11	25	4	»	16	11	11	35	11	26	4	»	16	12	2
36	11	57	5	»	20	14	11	36	11	58	5	»	20	15	3
37	11	89	6	»	24	17	11	37	11	90	6	»	24	18	4
38	12	21	7	»	29	»	11	38	12	22	7	»	29	1	4
39	12	53	8	»	33	3	11	39	12	54	8	»	33	4	5
40	12	86	9	»	37	6	10	40	12	87	9	»	37	7	6
50	16	77	10	»	41	9	10	50	16	08	10	»	41	10	6
60	19	29	11	»	45	12	10	60	19	30	11	»	45	13	7
70	22	50	12	»	49	15	10	70	22	52	12	»	49	16	8
80	25	72	13	»	53	18	10	80	25	74	13	»	53	19	8
90	28	93	14	»	58	1	10	90	28	95	14	»	58	2	9
100	32	15	15	»	62	4	10	100	32	17	15	»	62	5	10
200	64	30	16	»	66	7	10	200	64	35	16	»	66	8	10
300	96	45	17	»	70	10	9	300	96	52	17	»	70	11	11
400	128	60	18	»	74	13	9	400	128	70	18	»	74	15	»
500	160	75	19	»	78	16	9	500	160	87	19	»	78	18	»
600	192	90	20	»	82	19	9	600	193	05	20	»	83	1	1
700	225	05	21	»	87	2	9	700	225	22	21	»	87	4	2
800	257	20	22	»	91	5	9	800	257	39	22	»	91	7	2
900	289	35	23	»	95	8	9	900	289	56	23	»	95	10	3
1000	321	50	24	»	99	11	9	1000	321	75	24	»	99	13	4

ONCES								ONCES							
NOUVELLE à 322 f.			ANCIENNE à 99 liv. 14 s. 10 d.					NOUV. à 322 f. 25 c.			ANCIENNE à 99 liv. 16 s. 5 d.				
TITRES.	VALEURS.		TITRES.		VALEURS.			TITRES.	VALEURS.		TITRES.		VALEURS.		
Millièm.	Francs.	Cent.	Karats.	32emes	Livres.	Sols.	Den.	Millièm.	Francs.	Cent.	Karats.	32emes	Livres.	Sols.	Den.
1	»	32	»	1	»	2	7	1	»	32	»	1	»	2	7
2	»	64	»	2	»	5	2	2	»	64	»	2	»	5	2
3	»	96	»	3	»	7	9	3	»	96	»	3	»	7	9
4	1	28	»	4	»	10	4	4	1	28	»	4	»	10	4
5	1	61	»	5	»	12	11	5	1	61	»	5	»	12	11
6	1	93	»	6	»	15	7	6	1	93	»	6	»	15	7
7	2	25	»	7	»	18	2	7	2	25	»	7	»	18	2
8	2	57	»	8	1	»	9	8	2	57	»	8	1	»	9
9	2	89	»	9	1	3	4	9	2	90	»	9	1	3	4
10	3	22	»	10	1	5	11	10	3	22	»	10	1	5	11
11	3	54	»	11	1	8	6	11	3	54	»	11	1	8	7
12	3	86	»	12	1	11	2	12	3	86	»	12	1	11	2
13	4	18	»	13	1	13	9	13	4	18	»	13	1	13	9
14	4	50	»	14	1	16	4	14	4	51	»	14	1	16	4
15	4	83	»	15	1	18	11	15	4	83	»	15	1	18	11
16	5	15	»	16	2	1	6	16	5	15	»	16	2	1	7
17	5	47	»	17	2	4	1	17	5	45	»	17	2	4	2
18	5	79	»	18	2	6	9	18	5	80	»	18	2	6	9
19	6	11	»	19	2	9	4	19	6	12	»	19	2	9	4
20	6	44	»	20	2	11	11	20	6	44	»	20	2	11	11
21	6	76	»	21	2	14	6	21	6	76	»	21	2	14	7
22	7	08	»	22	2	17	1	22	7	08	»	22	2	17	2
23	7	40	»	23	2	19	8	23	7	41	»	23	2	19	9
24	7	72	»	24	3	2	4	24	7	73	»	24	3	2	4
25	8	05	»	25	3	4	11	25	8	05	»	25	3	4	11
26	8	37	»	26	3	7	6	26	8	37	»	26	3	7	7
27	8	69	»	27	3	10	1	27	8	70	»	27	3	10	2
28	9	01	»	28	3	12	8	28	9	02	»	28	3	12	9
29	9	33	»	29	3	15	3	29	9	34	»	29	3	15	4
30	9	66	»	30	3	17	11	30	9	66	»	30	3	17	11
31	9	98	»	31	4	»	6	31	9	98	»	31	4	»	7
32	10	30	1	»	4	3	1	32	10	31	1	»	4	3	2
33	10	62	2	»	8	6	2	33	10	63	2	»	8	6	4
34	10	94	3	»	12	9	4	34	10	95	3	»	12	9	6
35	11	27	4	»	16	12	5	35	11	27	4	»	16	12	8
36	11	59	5	»	20	15	7	36	11	60	5	»	20	15	11
37	11	91	6	»	24	18	8	37	11	92	6	»	24	19	1
38	12	23	7	»	29	1	9	38	12	24	7	»	29	2	3
39	12	55	8	»	33	4	11	39	12	56	8	»	33	5	5
40	12	88	9	»	37	8	»	40	12	89	9	»	37	8	7
50	16	10	10	»	41	11	2	50	16	11	10	»	41	11	10
60	19	32	11	»	45	14	3	60	19	33	11	»	45	15	»
70	22	54	12	»	49	17	5	70	22	55	12	»	49	18	2
80	25	76	13	»	54	»	6	80	25	78	13	»	54	1	4
90	28	98	14	»	58	3	7	90	29	00	14	»	58	4	6
100	32	20	15	»	62	6	9	100	32	22	15	»	62	7	9
200	64	40	16	»	66	9	10	200	64	45	16	»	66	10	11
300	96	60	17	»	70	13	»	300	96	67	17	»	70	14	1
400	128	80	18	»	74	16	1	400	128	90	18	»	74	17	3
500	161	00	19	»	78	19	2	500	161	12	19	»	79	»	5
600	193	20	20	»	83	2	4	600	193	35	20	»	83	3	8
700	225	40	21	»	87	5	5	700	225	57	21	»	87	6	10
800	257	60	22	»	91	8	7	800	257	80	22	»	91	10	»
900	289	80	23	»	95	11	8	900	290	02	23	»	95	13	2
1000	322	00	24	»	99	14	10	1000	322	25	24	»	99	16	5

ONCES								
NOUV. à 322 f. 50 c.			ANCIENNE, à 99 liv. 17 s. 11 d.					
TITRES.	VALEURS.		TITRES.		VALEURS.			
Millièm.	Francs,	Cent.	Karats,	32emes	Livres.	Sols.	Den.
1	»	32	»	1	»	2	7
2	»	64	»	2	»	5	2
3	»	96	»	3	»	7	9
4	1	29	»	4	»	10	4
5	1	61	»	5	»	13	»
6	1	93	»	6	»	15	7
7	2	25	»	7	»	18	2
8	2	58	»	8	1	»	9
9	2	90	»	9	1	3	4
10	3	22	»	10	1	6	»
11	3	54	»	11	1	8	7
12	3	87	»	12	1	11	2
13	4	19	»	13	1	13	9
14	4	51	»	14	1	16	5
15	4	83	»	15	1	19	»
16	5	16	»	16	2	1	7
17	5	48	»	17	2	4	2
18	5	80	»	18	2	6	9
19	6	12	»	19	2	9	5
20	6	45	»	20	2	12	»
21	6	77	»	21	2	14	7
22	7	09	»	22	2	17	2
23	7	41	»	23	2	19	10
24	7	74	»	24	3	2	5
25	8	06	»	25	3	5	»
26	8	38	»	26	3	7	7
27	8	70	»	27	3	10	2
28	9	03	»	28	3	12	10
29	9	35	»	29	3	15	5
30	9	67	»	30	3	18	»
31	9	99	»	31	4	»	7
32	10	32	1	»	4	3	2
33	10	64	2	»	8	6	5
34	10	96	3	»	12	9	8
35	11	28	4	»	16	12	11
36	11	61	5	»	20	16	2
37	11	93	6	»	24	19	5
38	12	25	7	»	29	2	8
39	12	57	8	»	33	5	11
40	12	90	9	»	37	9	2
50	16	12	10	»	41	12	5
60	19	35	11	»	45	15	8
70	22	57	12	»	49	18	11
80	25	80	13	»	54	2	2
90	29	02	14	»	58	5	5
100	32	25	15	»	62	8	8
200	64	50	16	»	66	11	11
300	96	75	17	»	70	15	2
400	129	00	18	»	74	18	5
500	161	25	19	»	79	1	8
600	193	50	20	»	83	4	11
700	225	75	21	»	87	8	2
800	258	00	22	»	91	11	5
900	290	25	23	»	95	14	8
1000	322	50	24	»	99	17	11

ONCES							
NOUV. à 322 f. 75 c.			ANCIENNE à 99 liv. 19 s. 6 d.				
TITRES.	VALEURS.		TITRES.		VALEURS.		
Millièm,	Francs.	Cent.	Karats.	32emes	Livres,	Sols.	Den.
1	»	32	»	1	»	2	7
2	»	64	»	2	»	5	2
3	»	96	»	3	»	7	9
4	1	29	»	4	»	10	4
5	1	61	»	5	»	13	»
6	1	93	»	6	»	15	7
7	2	25	»	7	»	18	2
8	2	58	»	8	1	»	9
9	2	90	»	9	1	3	5
10	3	22	»	10	1	6	»
11	3	55	»	11	1	8	7
12	3	87	»	12	1	11	2
13	4	19	»	13	1	13	10
14	4	51	»	14	1	16	5
15	4	84	»	15	1	19	»
16	5	16	»	16	2	1	7
17	5	48	»	17	2	4	3
18	5	80	»	18	2	6	10
19	6	13	»	19	2	9	5
20	6	45	»	20	2	12	»
21	6	77	»	21	2	14	8
22	7	10	»	22	2	17	3
23	7	42	»	23	2	19	10
24	7	74	»	24	3	2	5
25	8	06	»	25	3	5	1
26	8	39	»	26	3	7	8
27	8	71	»	27	3	10	3
28	9	03	»	28	3	12	10
29	9	35	»	29	3	15	6
30	9	68	»	30	3	18	1
31	10	00	»	31	4	»	8
32	10	32	1	»	4	3	3
33	10	65	2	»	8	6	7
34	10	97	3	»	12	9	11
35	11	29	4	»	16	13	3
36	11	61	5	»	20	16	6
37	11	94	6	»	24	19	10
38	12	26	7	»	29	3	2
39	12	58	8	»	33	6	6
40	12	90	9	»	37	9	9
50	16	13	10	»	41	13	1
60	19	36	11	»	45	16	5
70	22	59	12	»	49	19	9
80	25	82	13	»	54	3	»
90	29	04	14	»	58	6	4
100	32	27	15	»	62	9	8
200	64	55	16	»	66	13	»
300	96	82	17	»	70	16	3
400	129	10	18	»	74	19	7
500	161	37	19	»	79	2	11
600	193	65	20	»	83	6	3
700	225	92	21	»	87	9	6
800	258	20	22	»	91	12	10
900	290	47	23	»	95	16	2
1000	322	75	24	»	99	19	6

ONCES							
NOUV. à 323 f.			ANCIENNE à 100 liv. 1 s.				
TITRES.	VALEURS.		TITRES.		VALEURS.		
Milliém.	Francs.	Cent.	Karats.	32emes	Livres.	Sols.	Den.
1	»	32	»	1	»	2	7
2	»	64	»	2	»	5	2
3	»	96	»	3	»	7	9
4	1	29	»	4	»	10	5
5	1	61	»	5	»	13	»
6	1	93	»	6	»	15	7
7	2	26	»	7	»	18	2
8	2	58	»	8	1	»	10
9	2	90	»	9	1	3	5
10	3	23	»	10	1	6	»
11	3	55	»	11	1	8	7
12	3	87	»	12	1	11	3
13	4	19	»	13	1	13	10
14	4	52	»	14	1	16	5
15	4	84	»	15	1	19	»
16	5	16	»	16	2	1	8
17	5	49	»	17	2	4	3
18	5	81	»	18	2	6	10
19	6	13	»	19	2	9	6
20	6	46	»	20	2	12	1
21	6	78	»	21	2	14	8
22	7	10	»	22	2	17	3
23	7	42	»	23	2	19	11
24	7	75	»	24	3	2	6
25	8	07	»	25	3	5	1
26	8	39	»	26	3	7	8
27	8	72	»	27	3	10	4
28	9	04	»	28	3	12	11
29	9	36	»	29	3	15	6
30	9	69	»	30	3	18	1
31	10	01	»	31	4	»	9
32	10	33	1	»	4	3	4
33	10	65	2	»	8	6	9
34	10	98	3	»	12	10	1
35	11	30	4	»	16	13	6
36	11	62	5	»	20	16	10
37	11	95	6	»	25	»	3
38	12	27	7	»	29	3	7
39	12	59	8	»	33	7	»
40	12	92	9	»	37	10	4
50	16	15	10	»	41	13	9
60	19	38	11	»	45	17	1
70	22	61	12	»	50	»	6
80	25	84	13	»	54	3	10
90	29	07	14	»	58	7	3
100	32	30	15	»	62	10	7
200	64	60	16	»	66	14	»
300	96	90	17	»	70	17	4
400	129	20	18	»	75	»	9
500	161	50	19	»	79	4	1
600	193	80	20	»	83	7	6
700	226	10	21	»	87	10	10
800	258	40	22	»	91	14	3
900	290	70	23	»	95	17	7
1000	323	»	24	»	100	1	»

ONCES							
NOUV. à 323 f. 25 c.			ANCIENNE à 100 liv. 2 s. 7 d.				
TITRES.	VALEURS.		TITRES.		VALEURS.		
Milliém.	Francs.	Cent.	Karats.	32emes	Livres.	Sols.	Den.
1	»	32	»	1	»	2	7
2	»	64	»	2	»	5	2
3	»	96	»	3	»	7	9
4	1	29	»	4	»	10	5
5	1	61	»	5	»	13	»
6	1	93	»	6	»	15	7
7	2	26	»	7	»	18	3
8	2	58	»	8	1	»	10
9	2	90	»	9	1	3	5
10	3	23	»	10	1	6	»
11	3	55	»	11	1	8	8
12	3	87	»	12	1	11	3
13	4	20	»	13	1	13	10
14	4	52	»	14	1	16	6
15	4	84	»	15	1	19	1
16	5	17	»	16	2	1	8
17	5	49	»	17	2	4	3
18	5	81	»	18	2	6	11
19	6	14	»	19	2	9	6
20	6	46	»	20	2	12	1
21	6	78	»	21	2	14	9
22	7	11	»	22	2	17	4
23	7	43	»	23	2	19	11
24	7	75	»	24	3	2	6
25	8	08	»	25	3	5	2
26	8	40	»	26	3	7	9
27	8	72	»	27	3	10	4
28	9	05	»	28	3	13	»
29	9	37	»	29	3	15	7
30	9	69	»	30	3	18	2
31	10	02	»	31	4	»	10
32	10	34	1	»	4	3	5
33	10	66	2	»	8	6	10
34	10	90	3	»	12	10	3
35	11	31	4	»	16	13	9
36	11	63	5	»	20	17	2
37	11	96	6	»	25	»	7
38	12	28	7	»	29	4	1
39	12	60	8	»	33	7	6
40	12	93	9	»	37	10	11
50	16	16	10	»	41	14	4
60	19	39	11	»	45	17	10
70	22	62	12	»	50	1	3
80	25	86	13	»	54	4	8
90	29	09	14	»	58	8	2
100	32	32	15	»	62	11	7
200	64	65	16	»	66	15	»
300	96	97	17	»	70	18	5
400	129	30	18	»	75	1	11
500	161	62	19	»	79	5	4
600	193	95	20	»	83	8	9
700	226	27	21	»	87	12	3
800	258	60	22	»	91	15	8
900	290	92	23	»	95	19	1
1000	323	25	24	»	100	2	7

ONCES							
NOUV. à 323 f. 50 c.			ANCIENNE à 100 liv. 4 s. 2 d.				
TITRES.	VALEURS.		TITRES.		VALEURS.		
Milliém.	Francs.	Cent.	Karats.	32èmes	Livres.	Sols.	Den.
1	»	32	»	1	»	2	7
2	»	64	»	2	»	5	2
3	»	97	»	3	»	7	9
4	1	29	»	4	»	10	5
5	1	61	»	5	»	13	»
6	1	94	»	6	»	15	7
7	2	26	»	7	»	18	3
8	2	58	»	8	1	»	10
9	2	91	»	9	1	3	5
10	3	23	»	10	1	6	1
11	3	55	»	11	1	8	8
12	3	88	»	12	1	11	3
13	4	20	»	13	1	13	11
14	4	52	»	14	1	16	6
15	4	85	»	15	1	19	1
16	5	17	»	16	2	1	9
17	5	49	»	17	2	4	4
18	5	82	»	18	2	6	11
19	6	14	»	19	2	9	6
20	6	47	»	20	2	12	2
21	6	79	»	21	2	14	9
22	7	11	»	22	2	17	4
23	7	44	»	23	3	»	»
24	7	76	»	24	3	2	7
25	8	08	»	25	3	5	2
26	8	41	»	26	3	7	10
27	8	73	»	27	3	10	5
28	9	05	»	28	3	13	»
29	9	38	»	29	3	15	8
30	9	70	»	30	3	18	3
31	10	02	»	31	4	»	10
32	10	35	1	»	4	3	6
33	10	67	2	»	8	7	»
34	10	99	3	»	12	10	6
35	11	32	4	»	16	14	»
36	11	64	5	»	20	17	6
37	11	96	6	»	25	1	»
38	12	29	7	»	29	4	6
39	12	61	8	»	33	8	»
40	12	94	9	»	37	11	6
50	16	17	10	»	41	15	»
60	19	41	11	»	45	18	6
70	22	64	12	»	50	2	1
80	25	88	13	»	54	5	7
90	29	11	14	»	58	9	1
100	32	25	15	»	62	12	7
200	64	70	16	»	66	16	1
300	97	05	17	»	70	19	7
400	129	40	18	»	75	3	1
500	161	75	19	»	79	6	7
600	194	10	20	»	83	10	1
700	226	45	21	»	87	13	7
800	258	80	22	»	91	17	1
900	291	15	23	»	96	»	7
1000	323	50	24	»	100	4	2

ONCES							
NOUV. à 323 f. 75 c.			ANCIENNE à 100 liv. 5 s. 8 d.				
TITRES.	VALEURS.		TITRES.		VALEURS.		
Milliém.	Francs.	Cent.	Karats.	32èmes	Livres.	Sols.	Den.
1	»	32	»	1	»	2	7
2	»	64	»	2	»	5	2
3	»	97	»	3	»	7	10
4	1	29	»	4	»	10	5
5	1	61	»	5	»	13	»
6	1	94	»	6	»	15	8
7	2	26	»	7	»	18	3
8	2	59	»	8	1	»	10
9	2	91	»	9	1	3	6
10	3	23	»	10	1	6	1
11	3	56	»	11	1	8	8
12	3	88	»	12	1	11	4
13	4	20	»	13	1	13	11
14	4	53	»	14	1	16	6
15	4	85	»	15	1	19	2
16	5	18	»	16	2	1	9
17	5	50	»	17	2	4	4
18	5	82	»	18	2	7	»
19	6	15	»	19	2	9	7
20	6	47	»	20	2	12	2
21	6	79	»	21	2	14	10
22	7	12	»	22	2	17	5
23	7	44	»	23	3	»	»
24	7	77	»	24	3	2	8
25	8	09	»	25	3	5	3
26	8	41	»	26	3	7	10
27	8	74	»	27	3	10	6
28	9	06	»	28	3	13	1
29	9	38	»	29	3	15	8
30	9	71	»	30	3	18	4
31	10	03	»	31	4	»	11
32	10	36	1	»	4	3	6
33	10	68	2	»	8	7	1
34	11	00	3	»	12	10	8
35	11	33	4	»	16	14	3
36	11	65	5	»	20	17	10
37	11	97	6	»	25	1	5
38	12	30	7	»	29	4	11
39	12	62	8	»	33	8	6
40	12	95	9	»	37	12	1
50	16	18	10	»	41	15	8
60	19	42	11	»	45	19	3
70	22	66	12	»	50	2	10
80	25	90	13	»	54	6	4
90	29	13	14	»	58	9	11
100	32	37	15	»	62	13	6
200	64	75	16	»	66	17	1
300	97	12	17	»	71	»	8
400	129	50	18	»	75	4	3
500	161	87	19	»	79	7	9
600	194	25	20	»	83	11	4
700	226	62	21	»	87	14	11
800	259	00	22	»	91	18	6
900	291	37	23	«	96	2	1
1000	323	75	24	»	100	5	8

ONCES

NOUVELLE à 324 f.			ANCIENNE à 100 liv. 7 s. 3 d.				
TITRES.	VALEURS.		TITRES.		VALEURS.		
Millièm.	Francs.	Cent.	Karats.	32emes	Livres.	Sols.	Den.
1	»	32	»	1	»	2	7
2	»	64	»	2	»	5	2
3	»	97	»	3	»	7	10
4	1	29	»	4	»	10	5
5	1	62	»	5	»	13	»
6	1	94	»	6	»	15	8
7	2	26	»	7	»	18	3
8	2	59	»	8	1	»	10
9	2	91	»	9	1	3	6
10	3	24	»	10	1	6	1
11	3	56	»	11	1	8	8
12	3	88	»	12	1	11	4
13	4	21	»	13	1	13	11
14	4	53	»	14	1	16	7
15	4	86	»	15	1	19	2
16	5	18	»	16	2	1	9
17	5	50	»	17	2	4	5
18	5	83	»	18	2	7	»
19	6	15	»	19	2	9	7
20	6	48	»	20	2	12	3
21	6	80	»	21	2	14	10
22	7	12	»	22	2	17	5
23	7	45	»	23	3	»	1
24	7	77	»	24	3	2	8
25	8	10	»	25	3	5	4
26	8	42	»	26	3	7	11
27	8	74	»	27	3	10	6
28	9	07	»	28	3	13	2
29	9	39	»	29	3	15	9
30	9	72	»	30	3	18	4
31	10	04	»	31	4	1	»
32	10	36	1	»	4	3	7
33	10	69	2	»	8	7	3
34	11	01	3	»	12	10	10
35	11	34	4	»	16	14	6
36	11	66	5	»	20	18	2
37	11	98	6	»	25	1	9
38	12	31	7	»	29	5	5
39	12	63	8	»	33	9	1
40	12	96	9	»	37	12	8
50	16	20	10	»	41	16	4
60	19	44	11	»	45	19	11
70	22	68	12	»	50	3	7
80	25	92	13	»	54	7	3
90	29	16	14	»	58	10	10
100	32	40	15	»	62	14	6
200	64	80	16	»	66	18	2
300	97	20	17	»	71	1	9
400	129	60	18	»	75	5	5
500	162	00	19	»	79	9	»
600	194	40	20	»	83	12	8
700	226	80	21	»	87	16	4
800	259	20	22	»	91	19	11
900	291	60	23	»	96	3	7
1000	324	00	24	»	100	7	3

ONCES

NOUV. à 324 f. 25 c.			ANCIENNE à 100 liv. 8 s. 9 d.				
TITRES.	VALEURS.		TITRES.		VALEURS.		
Millièm.	Francs.	Cent.	Karats.	32emes	Livres.	Sols.	Den.
1	»	32	»	1	»	2	7
2	»	64	»	2	»	5	2
3	»	97	»	3	»	7	10
4	1	29	»	4	»	10	5
5	1	62	»	5	»	13	»
6	1	94	»	6	»	15	8
7	2	26	»	7	»	18	3
8	2	59	»	8	1	»	11
9	2	91	»	9	1	3	6
10	3	24	»	10	1	6	1
11	3	56	»	11	1	8	9
12	3	89	»	12	1	11	4
13	4	21	»	13	1	14	»
14	4	53	»	14	1	16	7
15	4	86	»	15	1	19	2
16	5	18	»	16	2	1	10
17	5	51	»	17	2	4	5
18	5	83	»	18	2	7	»
19	6	16	»	19	2	9	8
20	6	48	»	20	2	12	3
21	6	80	»	21	2	14	11
22	7	13	»	22	2	17	6
23	7	45	»	23	3	»	1
24	7	78	»	24	3	2	9
25	8	10	»	25	3	5	4
26	8	43	»	26	3	8	»
27	8	75	»	27	3	10	7
28	9	07	»	28	3	13	2
29	9	40	»	29	3	15	10
30	9	72	»	30	3	18	5
31	10	05	»	31	4	1	»
32	10	37	1	»	4	3	8
33	10	70	2	»	8	7	4
34	11	02	3	»	12	11	1
35	11	34	4	»	16	14	9
36	11	67	5	»	20	18	5
37	11	99	6	»	25	2	2
38	12	32	7	»	29	5	10
39	12	64	8	»	33	9	7
40	12	97	9	»	37	13	3
50	16	21	10	»	41	16	11
60	19	45	11	»	46	»	8
70	22	69	12	»	50	4	4
80	25	94	13	»	54	8	»
90	29	18	14	»	58	11	9
100	32	42	15	»	62	15	5
200	64	85	16	»	66	19	2
300	97	27	17	»	71	2	10
400	129	70	18	»	75	6	6
500	162	12	19	»	79	10	3
600	194	55	20	»	83	13	11
700	226	97	21	»	87	17	7
800	259	40	22	»	92	1	4
900	291	82	23	»	96	5	»
1000	324	25	24	»	100	8	9

ONCES								ONCES							
NOUV. à 324 f. 50 c.			ANCIENNE à 100 liv. 10 s. 4 d.					NOUV. à 324 f. 75 c.			ANCIENNE à 100 liv. 11 s. 11 d.				
TITRES.	VALEURS.		TITRES.		VALEURS.			TITRES.	VALEURS.		TITRES.		VALEURS.		
Millièm.	Francs.	Cent.	Karats.	32emes	Livres.	Sols.	Den.	Millièm.	Francs.	Cent.	Karats.	32emes	Livres.	Sols.	Den.
1	»	32	»	1	»	2	7	1	»	32	»	1	»	2	7
2	»	64	»	2	»	5	2	2	»	64	»	2	»	5	2
3	»	97	»	3	»	7	10	3	»	97	»	3	»	7	10
4	1	29	»	4	»	10	5	4	1	29	»	4	»	10	5
5	1	62	»	5	»	13	1	5	1	62	»	5	»	13	1
6	1	94	»	6	»	15	8	6	1	94	»	6	»	15	8
7	2	27	»	7	»	18	3	7	2	27	»	7	»	18	4
8	2	59	»	8	1	»	11	8	2	59	»	8	1	»	11
9	2	92	»	9	1	3	6	9	2	92	»	9	1	3	6
10	3	24	»	10	1	6	2	10	3	24	»	10	1	6	2
11	3	56	»	11	1	8	9	11	3	57	»	11	1	8	9
12	3	89	»	12	1	11	4	12	3	89	»	12	1	11	5
13	4	21	»	13	1	14	»	13	4	22	»	13	1	14	»
14	4	54	»	14	1	16	7	14	4	54	»	14	1	16	8
15	4	86	»	15	1	19	3	15	4	87	»	15	1	19	3
16	5	19	»	16	2	1	10	16	5	19	»	16	2	1	10
17	5	51	»	17	2	4	5	17	5	52	»	17	2	4	6
18	5	84	»	18	2	7	1	18	5	84	»	18	2	7	1
19	6	16	»	19	2	9	8	19	6	17	»	19	2	9	9
20	6	49	»	20	2	12	4	20	6	49	»	20	2	12	4
21	6	81	»	21	2	14	11	21	6	81	»	21	2	15	»
22	7	13	»	22	2	17	7	22	7	14	»	22	2	17	7
23	7	46	»	23	3	»	2	23	7	46	»	23	3	»	3
24	7	78	»	24	3	2	9	24	7	79	»	24	3	2	10
25	8	11	»	25	3	5	5	25	8	11	»	25	3	5	5
26	8	43	»	26	3	8	»	26	8	44	»	26	3	8	1
27	8	75	»	27	3	10	8	27	8	76	»	27	3	10	8
28	9	08	»	28	3	13	3	28	9	09	»	28	3	13	4
29	9	41	»	29	3	15	10	29	9	41	»	29	3	15	11
30	9	73	»	30	3	18	6	30	9	74	»	30	3	18	7
31	10	05	»	31	4	1	1	31	10	06	»	31	4	1	2
32	10	38	1	»	4	3	9	32	10	39	1	»	4	3	9
33	10	70	2	»	8	7	6	33	10	71	2	»	8	7	7
34	11	03	3	»	12	11	3	34	11	04	3	»	12	11	5
35	11	35	4	»	16	15	»	35	11	36	4	»	16	15	3
36	11	68	5	»	20	18	9	36	11	69	5	»	20	19	1
37	12	00	6	»	25	2	7	37	12	01	6	»	25	2	11
38	12	33	7	»	29	6	4	38	12	34	7	»	29	6	9
39	12	65	8	»	33	10	1	39	12	66	8	»	33	10	7
40	12	98	9	»	37	13	10	40	12	99	9	»	37	14	5
50	16	22	10	»	41	17	1	50	16	23	10	»	41	18	3
60	19	47	11	»	45	1	4	60	19	48	11	»	46	2	1
70	22	71	12	»	50	5	2	70	22	73	12	»	50	5	11
80	25	96	13	»	54	8	11	80	25	98	13	»	54	9	9
90	29	20	14	»	58	12	8	90	29	22	14	»	58	13	7
100	32	45	15	»	62	16	5	100	32	47	15	»	62	17	5
200	64	90	16	»	67	»	2	200	64	95	16	»	67	1	3
300	97	35	17	»	71	3	11	300	97	42	17	»	71	5	1
400	129	80	18	»	75	7	9	400	129	90	18	»	75	8	11
500	162	25	19	»	79	11	6	500	162	37	19	»	79	12	9
600	194	70	20	»	83	15	3	600	194	85	20	»	83	16	7
700	227	15	21	»	87	19	»	700	227	32	21	»	88	»	5
800	259	60	22	»	92	2	9	800	259	80	22	»	92	4	3
900	292	5	23	»	96	6	6	900	292	27	23	»	96	8	1
1000	324	50	24	»	100	10	4	1000	324	75	24	»	100	11	11

ONCES							
NOUV. à 325 f.			ANCIENNE à 100 liv. 13 s. 5 d.				
TITRES.	VALEURS.		TITRES.		VALEURS.		
Millièm.	Francs.	Cent.	Karats.	32emes	Livres.	Sols.	Den.
1	»	32	»	1	»	2	7
2	»	65	»	2	»	5	2
3	»	97	»	3	»	7	10
4	1	30	»	4	»	10	5
5	1	62	»	5	»	13	1
6	1	95	»	6	»	15	8
7	2	27	»	7	»	18	4
8	2	60	»	8	1	»	11
9	2	92	»	9	1	3	7
10	3	25	»	10	1	6	2
11	3	57	»	11	1	8	10
12	3	90	»	12	1	11	5
13	4	22	»	13	1	14	»
14	4	25	»	14	1	16	8
15	4	87	»	15	1	19	3
16	5	20	»	16	2	1	11
17	5	52	»	17	2	4	6
18	5	85	»	18	2	7	2
19	6	17	»	19	2	9	9
20	6	50	»	20	2	12	5
21	6	82	»	21	2	15	»
22	7	15	»	22	2	17	8
23	7	47	»	23	3	»	3
24	7	80	»	24	3	2	11
25	8	12	»	25	3	5	6
26	8	45	»	26	3	8	1
27	8	77	»	27	3	10	9
28	9	10	»	28	3	13	4
29	9	42	»	29	3	16	»
30	9	75	»	30	3	18	7
31	10	07	»	31	4	1	3
32	10	40	1	»	4	3	10
33	10	72	2	»	8	7	9
34	11	05	3	»	12	11	8
35	11	37	4	»	16	15	6
36	11	70	5	»	20	19	5
37	12	02	6	»	25	3	4
38	12	35	7	»	29	7	2
39	12	67	8	»	33	11	1
40	13	00	9	»	37	15	»
50	16	25	10	»	41	18	11
60	19	50	11	»	46	2	9
70	22	75	12	»	50	6	8
80	26	00	13	»	54	10	7
90	29	25	14	»	58	14	5
100	32	50	15	»	62	18	4
200	65	00	16	»	67	2	3
300	97	50	17	»	71	6	2
400	130	00	18	»	75	10	»
500	162	50	19	»	79	13	11
600	195	00	20	»	83	17	10
700	227	50	21	»	88	1	8
800	260	00	22	»	92	5	7
900	292	50	23	»	96	9	6
1000	325	00	24	»	100	13	5

ONCES							
NOUV. à 325 f. 25 c.			ANCIENNE à 100 liv. 15 s.				
TITRES.	VALEURS.		TITRES.		VALEURS.		
Millièm.	Francs.	Cent.	Karats.	32emes	Livres.	Sols.	Den.
1	»	32	»	1	»	2	7
2	»	65	»	2	»	5	2
3	»	97	»	3	»	7	10
4	1	30	»	4	»	10	5
5	1	62	»	5	»	13	1
6	1	95	»	6	»	15	8
7	2	27	»	7	»	18	4
8	2	60	»	8	1	»	11
9	2	92	»	9	1	3	7
10	3	25	»	10	1	6	2
11	3	57	»	11	1	8	10
12	3	90	»	12	1	11	5
13	4	22	»	13	1	14	1
14	4	55	»	14	1	16	8
15	4	87	»	15	1	19	4
16	5	20	»	16	2	1	11
17	5	52	»	17	2	4	7
18	5	85	»	18	2	7	2
19	6	17	»	19	2	9	10
20	6	50	»	20	2	12	5
21	6	83	»	21	2	15	1
22	7	15	»	22	2	17	8
23	7	48	»	23	3	»	4
24	7	80	»	24	3	2	11
25	8	13	»	25	3	5	7
26	8	45	»	26	3	8	2
27	8	78	»	27	3	10	10
28	9	10	»	28	3	13	5
29	9	43	»	29	3	16	1
30	9	75	»	30	3	18	8
31	10	08	»	31	4	1	4
32	10	40	1	»	4	3	11
33	10	73	2	»	8	7	11
34	11	05	3	»	12	11	10
35	11	38	4	»	16	15	10
36	11	70	5	»	20	19	9
37	12	03	6	»	25	3	9
38	12	35	7	»	29	7	8
39	12	68	8	»	33	11	8
40	13	01	9	»	37	15	7
50	16	26	10	»	41	19	7
60	19	51	11	»	46	3	6
70	22	76	12	»	50	7	6
80	26	02	13	»	54	11	5
90	29	27	14	»	58	15	5
100	32	52	15	»	62	19	4
200	65	05	16	»	67	3	4
300	97	57	17	»	71	7	3
400	130	10	18	»	75	11	3
500	162	62	19	»	79	15	2
600	195	15	20	»	83	19	2
700	227	67	21	»	88	3	1
800	260	20	22	»	92	7	1
900	292	72	23	»	96	11	»
1000	325	25	24	»	100	15	»

ONCES							
NOUV. à 325 f. 50 c.			ANCIENNE à 100 liv. 16 s. 6 d.				
TITRES.	VALEURS.		TITRES.		VALEURS.		
Millièm.	Francs.	Cent.	Karats.	32emes	Livres.	Sols.	Den.
1	»	32	»	1	»	2	7
2	»	65	»	2	»	5	3
3	»	97	»	3	»	7	10
4	1	30	»	4	»	10	6
5	1	62	»	5	»	13	1
6	1	95	»	6	»	15	9
7	2	27	»	7	»	18	4
8	2	60	»	8	1	1	»
9	2	92	»	9	1	3	7
10	3	25	»	10	1	6	3
11	3	58	»	11	1	8	10
12	3	90	»	12	1	11	6
13	4	23	»	13	1	14	1
14	4	55	»	14	1	16	9
15	4	88	»	15	1	19	4
16	5	20	»	16	2	2	»
17	5	53	»	17	2	4	7
18	5	85	»	18	2	7	3
19	6	18	»	19	2	9	10
20	6	51	»	20	2	12	6
21	6	83	»	21	2	15	1
22	7	16	»	22	2	17	9
23	7	48	»	23	3	»	4
24	7	81	»	24	3	3	»
25	8	13	»	25	3	5	7
26	8	46	»	26	3	8	3
27	8	78	»	27	3	10	10
28	9	11	»	28	3	13	6
29	9	43	»	29	3	16	1
30	9	76	»	30	3	18	9
31	10	09	»	31	4	1	4
32	10	41	1	»	4	4	»
33	10	74	2	»	8	8	»
34	11	06	3	»	12	12	»
35	11	39	4	»	16	16	1
36	11	71	5	»	21	»	1
37	12	04	6	»	25	4	1
38	12	36	7	»	29	8	1
39	12	69	8	»	33	12	2
40	13	02	9	»	37	16	2
50	16	27	10	»	42	»	2
60	19	53	11	»	46	4	2
70	22	78	12	»	50	8	3
80	26	04	13	»	54	12	3
90	29	29	14	»	58	16	3
100	32	55	15	»	63	»	3
200	65	10	16	»	67	4	4
300	97	65	17	»	71	8	4
400	130	20	18	»	75	12	4
500	162	75	19	»	79	16	4
600	195	30	20	»	84	»	5
700	227	85	21	»	83	4	5
800	260	40	22	»	92	8	5
900	292	95	23	»	96	12	5
1000	325	50	24	»	100	16	6

ONCES							
NOUV. à 325 f. 75 c.			ANCIENNE à 100 liv. 18 s. 1 d.				
TITRES.	VALEURS.		TITRES.		VALEURS.		
Millièm.	Francs.	Cent.	Karats.	32emes	Livres.	Sols.	Den.
1	»	32	»	1	»	2	7
2	»	65	»	2	»	5	3
3	»	97	»	3	»	7	10
4	1	30	»	4	»	10	6
5	1	62	»	5	»	13	1
6	1	95	»	6	»	15	9
7	2	28	»	7	»	18	4
8	2	60	»	8	1	1	»
9	2	93	»	9	1	3	7
10	3	25	»	10	1	6	3
11	3	58	»	11	1	8	10
12	3	90	»	12	1	11	6
13	4	23	»	13	1	14	1
14	4	56	»	14	1	16	9
15	4	88	»	15	1	19	4
16	5	21	»	16	2	2	»
17	5	53	»	17	2	4	8
18	5	86	»	18	2	7	3
19	6	18	»	19	2	9	11
20	6	51	»	20	2	12	6
21	6	84	»	21	2	15	2
22	7	16	»	22	2	17	9
23	7	49	»	23	3	»	5
24	7	81	»	24	3	3	»
25	8	14	»	25	3	5	8
26	8	46	»	26	3	8	3
27	8	79	»	27	3	10	11
28	9	12	»	28	3	13	6
29	9	44	»	29	3	16	2
30	9	77	»	30	3	18	9
31	10	09	»	31	4	1	5
32	10	42	1	»	4	4	1
33	10	74	2	»	8	8	2
34	11	07	3	»	12	12	3
35	11	40	4	»	16	16	4
36	11	72	5	»	21	»	5
37	12	05	6	»	25	4	6
38	12	37	7	»	29	8	7
39	12	70	8	»	33	12	8
40	13	03	9	»	37	16	9
50	16	28	10	»	42	»	10
60	19	54	11	»	46	4	11
70	22	80	12	»	50	9	»
80	26	06	13	»	54	13	1
90	29	31	14	»	58	17	2
100	32	57	15	»	63	1	3
200	65	15	16	»	67	5	4
300	97	72	17	»	71	9	5
400	130	30	18	»	75	13	6
500	162	87	19	»	79	17	7
600	195	45	20	»	84	1	8
700	228	02	21	»	88	5	9
800	260	60	22	»	92	9	10
900	293	17	23	»	96	13	11
1000	325	75	24	»	100	18	1

ONCES

NOUVELLE à 326 f.			ANCIENNE à 100 liv. 19 s. 8 d.				
TITRES.	VALEURS.		TITRES.		VALEURS.		
Milliém.	Francs.	Cent.	Karats.	32emes	Livres.	Sols.	Den.
1	»	32	»	1	»	2	7
2	»	65	»	2	»	5	3
3	»	97	»	3	»	7	10
4	1	30	»	4	»	10	6
5	1	63	»	5	»	13	1
6	1	95	»	6	»	15	9
7	2	28	»	7	»	18	4
8	2	60	»	8	1	1	»
9	2	93	»	9	1	3	8
10	3	26	»	10	1	6	3
11	3	58	»	11	1	8	11
12	3	91	»	12	1	11	6
13	4	23	»	13	1	14	2
14	4	56	»	14	1	16	9
15	4	89	»	15	1	19	5
16	5	21	»	16	2	2	»
17	5	54	»	17	2	4	8
18	5	86	»	18	2	7	4
19	6	19	»	19	2	9	11
20	6	52	»	20	2	12	7
21	6	84	»	21	2	15	2
22	7	17	»	22	2	17	10
23	7	49	»	23	3	»	5
24	7	82	»	24	3	3	1
25	8	15	»	25	3	5	8
26	8	47	»	26	3	8	4
27	8	80	»	27	3	11	»
28	9	12	»	28	3	13	7
29	9	45	»	29	3	16	3
30	9	78	»	30	3	18	10
31	10	10	»	31	4	1	6
32	10	43	1	»	4	4	1
33	10	75	2	»	8	8	3
34	11	08	3	»	12	12	5
35	11	41	4	»	16	16	7
36	11	73	5	»	21	«	9
37	12	06	6	»	25	4	11
38	12	38	7	»	29	9	»
39	12	71	8	»	33	13	2
40	13	04	9	»	37	17	4
50	16	30	10	»	42	1	6
60	19	56	11	»	46	5	8
70	22	82	12	»	50	9	10
80	26	08	13	»	54	13	11
90	29	34	14	»	58	18	1
100	32	60	15	»	63	2	3
200	65	20	16	»	67	6	5
300	97	80	17	»	71	10	7
400	130	40	18	»	75	14	9
500	163	00	19	»	79	18	10
600	195	60	20	»	84	3	»
700	228	20	21	»	88	7	2
800	260	80	22	»	92	11	4
900	293	40	23	»	96	15	6
1000	326	00	24	»	100	19	8

ONCES

NOUV. à 326 f. 25 c.			ANCIENNE à 101 liv. 1 s. 2 d.				
TITRES.	VALEURS.		TITRES.		VALEURS.		
Milliém.	Francs.	Cent.	Karats.	32emes	Livres.	Sols.	Den.
1	»	32	»	1	»	2	7
2	»	65	»	2	»	5	3
3	»	97	»	3	»	7	10
4	1	30	»	4	»	10	6
5	1	63	»	5	»	13	1
6	1	95	»	6	»	15	9
7	2	28	»	7	»	18	5
8	2	61	»	8	1	1	»
9	2	93	»	9	1	3	8
10	3	26	»	10	1	6	3
11	3	58	»	11	1	8	11
12	3	91	»	12	1	11	6
13	4	24	»	13	1	14	2
14	4	56	»	14	1	16	10
15	4	89	»	15	1	19	5
16	5	22	»	16	2	2	1
17	5	54	»	17	2	4	8
18	5	87	»	18	2	7	4
19	6	19	»	19	2	10	»
20	6	52	»	20	2	12	7
21	6	85	»	21	2	15	3
22	7	17	»	22	2	17	10
23	7	50	»	23	3	»	6
24	7	83	»	24	3	3	1
25	8	15	»	25	3	5	9
26	8	48	»	26	3	8	5
27	8	80	»	27	3	11	»
28	9	13	»	28	3	13	8
29	9	46	»	29	3	16	3
30	9	78	»	30	3	18	11
31	10	11	»	31	4	1	7
32	10	44	1	»	4	4	2
33	10	76	2	»	8	8	5
34	11	09	3	»	12	12	7
35	11	41	4	»	16	16	10
36	11	74	5	»	21	1	»
37	12	07	6	»	25	5	3
38	12	39	7	»	29	9	6
39	12	72	8	»	33	13	8
40	13	05	9	»	37	17	11
50	16	31	10	»	42	2	1
60	19	57	11	»	46	6	4
70	22	83	12	»	50	10	7
80	26	10	13	»	54	14	9
90	29	36	14	»	58	19	»
100	32	62	15	»	63	3	2
200	63	25	16	»	67	7	5
300	97	87	17	»	71	11	7
400	130	50	18	»	75	15	10
500	163	12	19	»	80	»	1
600	195	75	20	»	84	4	3
700	228	37	21	»	88	8	6
800	261	00	22	»	92	12	8
900	293	62	23	»	96	16	11
1000	326	25	24	»	101	1	2

ONCES									ONCES								
NOUV. à 326 f. 50 c.			ANCIENNE à 101 liv. 2 s. 9 d.						NOUV. à 326 f. 75 c.			ANCIENNE à 101 liv. 4 s. 3 d.					
TITRES.	VALEURS.		TITRES.		VALEURS.				TITRES.	VALEURS.		TITRES.		VALEURS.			
Millièm.	Francs.	Cent.	Karats.	32emes	Livres.	Sols.	Den.		Millièm.	Francs.	Cent.	Karats.	32emes	Livres.	Sols.	Den.	
1	»	32	»	1	»	2	7		1	»	32	»	1	»	2	7	
2	»	65	»	2	»	5	3		2	»	65	»	2	»	5	3	
3	»	97	»	3	»	7	10		3	»	98	»	3	»	7	10	
4	1	30	»	4	»	10	6		4	1	30	»	4	»	10	6	
5	1	63	»	5	»	13	2		5	1	63	»	5	»	13	2	
6	1	95	»	6	»	15	9		6	1	96	»	6	»	15	9	
7	2	28	»	7	»	18	5		7	2	28	»	7	»	18	5	
8	2	61	»	8	1	1	»		8	2	61	»	8	1	1	1	
9	2	93	»	9	1	3	8		9	2	94	»	9	1	3	8	
10	3	26	»	10	1	6	4		10	3	26	»	10	1	6	4	
11	3	59	»	11	1	8	11		11	3	69	»	11	1	8	11	
12	3	91	»	12	1	11	7		12	4	02	»	12	1	11	7	
13	4	24	»	13	1	14	2		13	4	34	»	13	1	14	3	
14	4	57	»	14	1	16	10		14	4	67	»	14	1	16	10	
15	4	89	»	15	1	19	6		15	5	00	»	15	1	19	6	
16	5	22	»	16	2	2	1		16	5	32	»	16	2	2	2	
17	5	55	»	17	2	4	9		17	5	55	»	17	2	4	9	
18	5	87	»	18	2	7	4		18	5	88	»	18	2	7	5	
19	6	20	»	19	2	10	»		19	6	20	»	19	2	10	»	
20	6	53	»	20	2	12	8		20	6	53	»	20	2	12	8	
21	6	85	»	21	2	15	3		21	6	86	»	21	2	15	4	
22	7	18	»	22	2	17	11		22	7	18	»	22	2	17	11	
23	7	50	»	23	3	»	6		23	7	51	»	23	3	»	7	
24	7	83	»	24	3	3	2		24	7	84	»	24	3	3	3	
25	8	16	»	25	3	5	10		25	8	16	»	25	3	5	10	
26	8	48	»	26	3	8	5		26	8	49	»	26	3	8	6	
27	8	81	»	27	3	11	1		27	8	82	»	27	3	11	1	
28	9	14	»	28	3	13	8		28	9	14	»	28	3	13	9	
29	9	46	»	29	3	16	4		29	9	47	»	29	3	16	5	
30	9	79	»	30	3	19	»		30	9	80	»	30	3	19	»	
31	10	12	»	31	4	1	7		31	10	12	»	31	4	1	8	
32	10	44	1	»	4	4	3		32	10	45	1	»	4	4	4	
33	10	77	2	»	8	8	6		33	10	78	2	»	8	8	8	
34	11	10	3	»	12	12	10		34	11	10	3	»	12	13	»	
35	11	42	4	»	16	17	1		35	11	43	4	»	16	17	4	
36	11	75	5	»	21	1	4		36	11	76	5	»	21	1	8	
37	12	08	6	»	25	5	8		37	12	08	6	»	25	6	»	
38	12	40	7	»	29	9	11		38	12	41	7	»	29	10	4	
39	12	73	8	»	33	14	3		39	12	74	8	»	33	14	9	
40	13	06	9	»	37	18	6		40	13	07	9	»	37	19	1	
50	16	32	10	»	42	2	9		50	16	33	10	»	42	3	5	
60	19	59	11	»	46	7	1		60	19	60	11	»	46	7	9	
70	22	85	12	»	50	11	4		70	22	87	12	»	50	12	1	
80	26	12	13	»	54	15	7		80	26	14	13	»	54	16	5	
90	29	38	14	»	58	19	11		90	29	40	14	»	59	»	9	
100	32	65	15	»	63	4	2		100	32	67	15	»	63	5	1	
200	65	30	16	»	67	8	6		200	65	35	16	»	67	9	6	
300	97	95	17	»	71	12	9		300	98	02	17	»	71	13	10	
400	130	60	18	»	75	17	»		400	130	70	18	»	75	18	2	
500	163	25	19	»	80	1	4		500	163	37	19	»	80	2	6	
600	195	90	20	»	84	5	7		600	196	05	20	»	84	6	10	
700	228	55	21	»	88	9	10		700	228	72	21	»	88	11	2	
800	261	20	22	»	92	14	2		800	261	40	22	»	92	15	6	
900	293	85	23	»	96	18	5		900	294	07	23	»	96	19	10	
1000	326	50	24	»	101	2	9		1000	326	75	24	»	101	4	3	

ONCES							
NOUV. à 327 f.			ANCIENNE à 101 liv. 5 s. 10 d.				
TITRES.	VALEURS.		TITRES.		VALEURS.		
Milliè m.	Francs.	Cent.	Karats.	32emes	Livres.	Sols.	Den.
1	»	32	»	1	»	2	7
2	»	65	»	2	»	5	3
3	»	98	»	3	»	7	10
4	1	30	»	4	»	10	6
5	1	63	»	5	»	13	2
6	1	96	»	6	»	15	9
7	2	28	»	7	»	18	5
8	2	61	»	8	1	1	1
9	2	94	»	9	1	3	8
10	3	27	»	10	1	6	4
11	3	59	»	11	1	9	»
12	3	92	»	12	1	11	7
13	4	25	»	13	1	14	3
14	4	54	»	14	1	16	10
15	4	90	»	15	1	19	6
16	5	23	»	16	2	2	2
17	5	55	»	17	2	4	10
18	5	88	»	18	2	7	5
19	6	21	»	19	2	10	1
20	6	54	»	20	2	12	9
21	6	86	»	21	2	15	4
22	7	19	»	22	2	18	»
23	7	52	»	23	3	»	8
24	7	84	»	24	3	3	3
25	8	17	»	25	3	5	11
26	8	50	»	26	3	8	6
27	8	82	»	27	3	11	2
28	9	15	»	28	3	13	10
29	9	48	»	29	3	16	5
30	9	81	»	30	3	19	1
31	10	13	»	31	4	1	9
32	10	46	1	»	4	4	4
33	10	79	2	»	8	8	9
34	11	11	3	»	12	13	2
35	11	44	4	»	16	17	7
36	11	77	5	»	21	2	»
37	12	09	6	»	25	6	5
38	12	42	7	»	29	10	10
39	12	75	8	»	33	15	3
40	13	08	9	»	37	19	8
50	16	35	10	»	42	4	1
60	19	62	11	»	46	8	6
70	22	89	12	»	50	12	11
80	26	16	13	»	54	17	3
90	29	43	14	»	59	1	8
100	32	70	15	»	63	6	1
200	65	40	16	»	67	10	6
300	98	10	17	»	71	14	11
400	130	80	18	»	75	19	4
500	163	50	19	»	80	3	9
600	196	20	20	»	84	8	2
700	228	90	21	»	88	12	7
800	261	60	22	»	92	17	»
900	294	30	23	»	97	1	5
1000	327	00	24	»	101	5	10

ONCES							
NOUV. à 327 f. 25 c.			ANCIENNE à 101 liv. 7 s. 4 d.				
TITRES.	VALEURS.		TITRES.		VALEURS.		
Milliè m.	Francs.	Cent.	Karats.	32emes	Livres.	Sols.	Den.
1	»	32	»	1	»	2	7
2	»	65	»	2	»	5	3
3	»	98	»	3	»	7	11
4	1	30	»	4	»	10	6
5	1	63	»	5	»	13	2
6	1	96	»	6	»	15	10
7	2	29	»	7	»	18	5
8	2	61	»	8	1	1	1
9	2	94	»	9	1	3	9
10	3	27	»	10	1	6	4
11	3	59	»	11	1	9	»
12	3	92	»	12	1	11	8
13	4	25	»	13	1	14	3
14	4	58	»	14	1	16	11
15	4	90	»	15	1	19	7
16	5	23	»	16	2	2	2
17	5	56	»	17	2	4	10
18	5	89	»	18	2	7	6
19	6	21	»	19	2	10	1
20	6	54	»	20	2	12	9
21	6	87	»	21	2	15	5
22	7	19	»	22	2	18	»
23	7	52	»	23	3	»	8
24	7	85	»	24	3	3	4
25	8	18	»	25	3	5	11
26	8	50	»	26	3	8	7
27	8	83	»	27	3	11	3
28	9	16	»	28	3	13	10
29	9	49	»	29	3	16	6
30	9	81	»	30	3	19	2
31	10	14	»	31	4	1	9
32	10	47	1	»	4	4	5
33	10	79	2	»	8	8	11
34	11	12	3	»	12	13	5
35	11	45	4	»	16	17	10
36	11	78	5	»	21	2	4
37	12	10	6	»	25	6	10
38	12	43	7	»	29	11	3
39	12	76	8	»	33	15	9
40	13	09	9	»	38	»	3
50	16	36	10	»	42	4	8
60	19	63	11	»	46	9	2
70	22	90	12	»	50	13	8
80	26	18	13	»	54	18	1
90	29	45	14	»	59	2	7
100	32	72	15	»	63	7	1
200	65	45	16	»	67	11	6
300	98	17	17	»	71	16	»
400	130	90	18	»	76	»	6
500	163	62	19	»	80	4	11
600	196	35	20	»	84	9	5
700	229	07	21	»	88	13	11
800	261	80	22	»	92	18	4
900	294	52	23	»	97	2	10
1000	327	25	24	»	101	7	4

ONCES								ONCES							
NOUV. à 327 f. 50 c.			ANCIENNE à 101 liv. 8 s. 11 d.					NOUV. à 327 f. 75 c.			ANCIENNE à 101 liv. 10 s. 6 d.				
TITRES.	VALEURS.		TITRES.		VALEURS.			TITRES.	VALEURS.		TITRES.		VALEURS.		
Millièm.	Francs.	Cent.	Karats.	32emes	Livres.	Sols.	Den.	Millièm.	Francs.	Cent.	Karats.	32emes	Livres.	Sols.	Den.
1	»	32	»	1	»	2	7	1	»	32	»	1	»	2	7
2	»	65	»	2	»	5	3	2	»	65	»	2	»	5	3
3	»	98	»	3	»	7	11	3	»	98	»	3	»	7	11
4	1	31	»	4	»	10	6	4	1	31	»	4	»	10	6
5	1	63	»	5	»	13	2	5	1	63	»	5	»	13	2
6	1	96	»	6	»	15	10	6	1	96	»	6	»	15	10
7	2	29	»	7	»	18	5	7	2	29	»	7	»	18	6
8	2	62	»	8	1	1	1	8	2	62	»	8	1	1	1
9	2	94	»	9	1	3	9	9	2	94	»	9	1	3	9
10	3	27	»	10	1	6	5	10	3	27	»	10	1	6	5
11	3	60	»	11	1	9	»	11	3	60	»	11	1	9	»
12	3	93	»	12	1	11	8	12	3	93	»	12	1	11	8
13	4	25	»	13	1	14	4	13	4	26	»	13	1	14	4
14	4	58	»	14	1	16	11	14	4	58	»	14	1	17	»
15	4	91	»	15	1	19	7	15	4	91	»	15	1	19	7
16	5	34	»	16	2	2	3	16	5	24	»	16	2	2	3
17	5	66	»	17	2	4	10	17	5	57	»	17	2	4	11
18	5	99	»	18	2	7	6	18	5	89	»	18	2	7	7
19	6	22	»	19	2	10	2	19	6	22	»	19	2	10	2
20	6	55	»	20	2	12	10	20	6	55	»	20	2	12	10
21	6	87	»	21	2	15	5	21	6	88	»	21	2	15	6
22	7	20	»	22	2	18	1	22	7	21	»	22	2	18	1
23	7	53	»	23	3	»	9	23	7	53	»	23	3	»	9
24	7	86	»	24	3	3	4	24	7	86	»	24	3	3	5
25	8	18	»	25	3	6	»	25	8	29	»	25	3	6	1
26	8	51	»	26	3	8	8	26	8	52	»	26	3	8	8
27	8	84	»	27	3	11	3	27	8	84	»	27	3	11	4
28	9	17	»	28	3	13	11	28	9	17	»	28	3	14	»
29	9	49	»	29	3	16	7	29	9	50	»	29	3	16	8
30	9	82	»	30	3	19	3	30	9	83	»	30	3	19	3
31	10	15	»	31	4	1	10	31	10	16	»	31	4	1	11
32	10	48	1	»	4	4	6	32	10	48	1	»	4	4	7
33	10	80	2	»	8	9	»	33	10	81	2	»	8	9	2
34	11	13	3	»	12	13	7	34	11	14	3	»	12	13	9
35	11	46	4	»	16	18	1	35	11	47	4	»	16	18	5
36	11	79	5	»	21	2	8	36	11	79	5	»	21	3	»
37	12	11	6	»	25	7	2	37	12	12	6	»	25	7	7
38	12	44	7	»	29	11	9	38	12	45	7	»	29	12	2
39	12	77	8	»	33	16	3	39	12	78	8	»	33	16	10
40	13	10	9	»	38	»	10	40	13	11	9	»	38	1	5
50	16	37	10	»	42	5	4	50	16	38	10	»	42	6	»
60	19	65	11	»	46	9	11	60	19	66	11	»	46	10	7
70	22	92	12	»	50	14	5	70	22	94	12	»	50	15	3
80	26	20	13	»	54	18	11	80	26	22	13	»	54	19	10
90	29	47	14	»	59	3	6	90	29	49	14	»	59	4	5
100	32	75	15	»	63	8	»	100	32	77	15	»	63	9	»
200	65	50	16	»	67	12	7	200	65	55	16	»	67	13	8
300	98	25	17	»	71	17	1	300	98	32	17	»	71	18	3
400	131	00	18	»	76	1	8	400	131	10	18	»	76	2	10
500	163	75	19	»	80	6	2	500	163	87	19	»	80	7	5
600	196	50	20	»	84	10	9	600	196	65	20	»	84	12	1
700	229	25	21	»	88	15	3	700	229	42	21	»	88	16	8
800	262	00	22	»	92	19	10	800	262	20	22	»	93	1	3
900	294	75	23	»	97	4	4	900	294	97	23	»	97	5	10
1000	327	50	24	»	101	8	11	1000	327	75	24	»	101	10	6

ONCES								ONCES							
NOUVELLE à 328 f.			ANCIENNE à 101 liv. 12 s.					NOUV. à 328 f. 25 c.			ANCIENNE à 101 liv. 13 s. 7 d.				
TITRES.	VALEURS.		TITRES.		VALEURS.			TITRES.	VALEURS.		TITRES.		VALEURS.		
Millièm.	Francs.	Cent.	Karats.	32emes	Livres.	Sols.	Den.	Millièm.	Francs.	Cent.	Karats.	32emes	Livres.	Sols.	Den.
1	»	32	»	1	»	2	7	1	»	32	»	1	»	2	7
2	»	65	»	2	»	5	3	2	»	65	»	2	»	5	3
3	»	98	»	3	»	7	11	3	»	98	»	3	»	7	11
4	1	31	»	4	»	10	7	4	1	31	»	4	»	10	7
5	1	64	»	5	»	13	2	5	1	64	»	5	»	13	2
6	1	96	»	6	»	15	10	6	1	96	»	6	»	15	10
7	2	29	»	7	»	18	6	7	2	29	»	7	»	18	6
8	2	62	»	8	1	1	2	8	2	62	»	8	1	1	2
9	2	95	»	9	1	3	9	9	2	95	»	9	1	3	9
10	3	28	»	10	1	6	5	10	3	28	»	10	1	6	5
11	3	60	»	11	1	9	1	11	3	61	»	11	1	9	1
12	3	93	»	12	1	11	9	12	3	93	»	12	1	11	9
13	4	26	»	13	1	14	4	13	4	26	»	13	1	14	5
14	4	59	»	14	1	17	»	14	4	59	»	14	1	17	»
15	4	92	»	15	1	19	8	15	4	92	»	15	1	19	8
16	5	24	»	16	2	2	4	16	5	25	»	16	2	2	4
17	5	57	»	17	2	4	11	17	5	58	»	17	2	5	»
18	5	90	»	18	2	7	7	18	5	90	»	18	2	7	7
19	6	23	»	19	2	10	3	19	6	23	»	19	2	10	3
20	6	56	»	20	2	12	11	20	6	56	»	20	2	12	11
21	6	88	»	21	2	15	6	21	6	89	»	21	2	15	7
22	7	21	»	22	2	18	2	22	7	22	»	22	2	18	3
23	7	54	»	23	3	»	10	23	7	54	»	23	3	»	10
24	7	87	»	24	3	3	6	24	7	87	»	24	3	3	6
25	8	20	»	25	3	6	1	25	8	20	»	25	3	6	2
26	8	52	»	26	3	8	9	26	8	53	»	26	3	8	10
27	8	85	»	27	3	11	5	27	8	86	»	27	3	11	5
28	9	18	»	28	3	14	1	28	9	19	»	28	3	14	1
29	9	51	»	29	3	16	8	29	9	51	»	29	3	16	9
30	9	84	»	30	3	19	4	30	9	84	»	30	3	19	5
31	10	16	»	31	4	2	»	31	10	17	»	31	4	2	1
32	10	49	1	»	4	4	8	32	10	50	1	»	4	4	8
33	10	82	2	»	8	9	4	33	10	83	2	»	8	9	5
34	11	15	3	»	12	14	»	34	11	16	3	»	12	14	2
35	11	48	4	»	16	18	8	35	11	48	4	»	16	18	11
36	11	80	5	»	21	3	4	36	11	81	5	»	21	3	7
37	12	13	6	»	25	8	»	37	12	14	6	»	25	8	4
38	12	46	7	»	29	12	8	38	12	47	7	»	29	13	1
39	12	79	8	»	33	17	4	39	12	80	8	»	33	17	10
40	13	12	9	»	38	2	»	40	13	13	9	»	38	2	7
50	16	40	10	»	42	6	8	50	16	41	10	»	42	7	3
60	19	68	11	»	46	11	4	60	19	69	11	»	46	12	»
70	22	96	12	»	50	16	»	70	22	97	12	»	50	16	9
80	26	24	13	»	55	»	8	80	26	26	13	»	55	1	6
90	29	52	14	»	59	5	4	90	29	54	14	»	59	6	3
100	32	80	15	»	63	10	»	100	32	82	15	»	63	10	11
200	65	60	16	»	67	14	8	200	65	65	16	»	67	15	8
300	98	40	17	»	71	19	4	300	98	47	17	»	72	»	5
400	131	20	18	»	76	4	»	400	131	30	18	»	76	5	2
500	164	00	19	»	80	8	8	500	164	12	19	»	80	9	11
600	196	80	20	»	84	13	4	600	196	95	20	»	84	14	7
700	229	60	21	»	88	18	»	700	229	77	21	»	88	19	4
800	262	40	22	»	93	2	8	800	262	60	22	»	93	4	1
900	295	20	23	»	97	7	4	900	295	42	23	»	97	8	10
1000	328	00	24	»	101	12	»	1000	328	25	24	»	101	13	7

ONCES							
NOUV. à 328 f. 50 c.			ANCIENNE à 101 liv. 15 s. 1 d.				
TITRES.	VALEURS.		TITRES.		VALEURS.		
Milliém.	Francs.	Cent.	Karats.	32emes	Livres.	Sols.	Den.
1	»	32	»	1	»	2	7
2	»	65	»	2	»	5	3
3	»	98	»	3	»	7	11
4	1	31	»	4	»	10	7
5	1	64	»	5	»	13	2
6	1	97	»	6	»	15	10
7	2	29	»	7	»	18	6
8	2	62	»	8	1	1	2
9	2	95	»	9	1	3	10
10	3	28	»	10	1	6	5
11	3	61	»	11	1	9	1
12	3	94	»	12	1	11	9
13	4	27	»	13	1	14	5
14	4	59	»	14	1	17	1
15	4	92	»	15	1	19	8
16	5	25	»	16	2	2	4
17	5	58	»	17	2	5	»
18	5	91	»	18	2	7	8
19	6	24	»	19	2	10	4
20	6	57	»	20	2	12	11
21	6	89	»	21	2	15	7
22	7	22	»	22	2	18	3
23	7	55	»	23	3	»	11
24	7	88	»	24	3	3	7
25	8	21	»	25	3	6	2
26	8	54	»	26	3	8	10
27	8	86	»	27	3	11	6
28	9	19	»	28	3	14	2
29	9	52	»	29	3	16	10
30	9	85	»	30	3	19	5
31	10	18	»	31	4	2	1
32	10	51	1	»	4	4	9
33	10	84	2	»	8	9	7
34	11	16	3	»	12	14	4
35	11	49	4	»	16	19	2
36	11	82	5	»	21	3	11
37	12	15	6	»	25	8	9
38	12	48	7	»	29	13	6
39	12	81	8	»	33	18	4
40	13	14	9	»	38	3	1
50	16	42	10	»	42	7	11
60	19	71	11	»	46	12	8
70	22	99	12	»	50	17	6
80	26	28	13	»	55	2	4
90	29	56	14	»	59	7	1
100	32	85	15	»	63	11	11
200	65	70	16	»	67	16	8
300	98	55	17	»	72	1	6
400	131	40	18	»	76	6	3
500	164	25	19	»	80	11	1
600	197	10	20	»	84	15	10
700	229	95	21	»	89	»	8
800	262	80	22	»	93	5	5
900	295	65	23	»	97	10	3
1000	328	50	24	»	101	15	1

ONCES							
NOUV. à 328 f. 75 c.			ANCIENNE à 101 liv. 16 s. 8 d.				
TITRES.	VALEURS.		TITRES.		VALEURS.		
Milliém.	Francs.	Cent.	Karats.	32emes	Livres.	Sols.	Den.
1	»	32	»	1	»	2	7
2	»	65	»	2	»	5	3
3	»	98	»	3	»	7	11
4	1	31	»	4	»	10	7
5	1	64	»	5	»	13	3
6	1	97	»	6	»	15	10
7	2	30	»	7	»	18	6
8	2	63	»	8	1	1	2
9	2	95	»	9	1	3	10
10	3	28	»	10	1	6	6
11	3	61	»	11	1	9	2
12	3	94	»	12	1	11	9
13	4	27	»	13	1	14	5
14	4	60	»	14	1	17	1
15	4	93	»	15	1	19	9
16	5	26	»	16	2	2	5
17	5	58	»	17	2	5	»
18	5	91	»	18	2	7	8
19	6	24	»	19	2	10	4
20	6	57	»	20	2	13	»
21	6	90	»	21	2	15	8
22	7	23	»	22	2	18	4
23	7	56	»	23	3	»	11
24	7	89	»	24	3	3	7
25	8	21	»	25	3	6	3
26	8	54	»	26	3	8	11
27	8	87	»	27	3	11	7
28	9	20	»	28	3	14	3
29	9	53	»	29	3	16	10
30	9	86	»	30	3	19	6
31	10	19	»	31	4	2	2
32	10	52	1	»	4	4	10
33	10	84	2	»	8	9	8
34	11	17	3	»	12	14	7
35	11	50	4	»	16	19	5
36	11	83	5	»	21	4	3
37	12	16	6	»	25	9	2
38	12	49	7	»	29	14	»
39	12	82	8	»	33	18	10
40	13	15	9	»	37	3	9
50	16	43	10	»	42	8	7
60	19	72	11	»	46	13	5
70	23	01	12	»	50	18	4
80	26	30	13	»	54	3	2
90	29	58	14	»	59	8	»
100	32	87	15	»	63	12	11
200	65	75	16	»	67	17	9
300	98	62	17	»	72	2	7
400	131	50	18	»	76	7	6
500	164	37	19	»	80	12	4
600	197	25	20	»	84	17	2
700	230	12	21	»	89	2	1
800	263	00	22	»	93	6	11
900	295	87	23	»	97	11	9
1000	328	75	24	»	101	16	8

ONCES

NOUV. à 329 f.			ANCIENNE à 101 liv. 18 s. 3 d.				
TITRES.	VALEURS.		TITRES.		VALEURS.		
Millièm.	Francs.	Cent.	Karats.	32emes	Livres.	Sols.	Den.
1	»	32	»	1	»	2	7
2	»	65	»	2	»	5	3
3	»	98	»	3	»	7	11
4	1	31	»	4	»	10	7
5	1	64	»	5	»	13	3
6	1	97	»	6	»	15	11
7	2	30	»	7	»	18	6
8	2	63	»	8	1	1	2
9	2	96	»	9	1	3	10
10	3	29	»	10	1	6	6
11	3	61	»	11	1	9	2
12	3	94	»	12	1	11	10
13	4	27	»	13	1	14	6
14	4	60	»	14	1	17	1
15	4	93	»	15	1	19	9
16	5	26	»	16	2	2	5
17	5	59	»	17	2	5	1
18	5	92	»	18	2	7	9
19	6	25	»	19	2	10	5
20	6	58	»	20	2	13	»
21	6	90	»	21	2	15	8
22	7	23	»	22	2	18	4
23	7	56	»	23	3	1	»
24	7	89	»	24	3	3	8
25	8	22	»	25	3	6	4
26	8	55	»	26	3	9	»
27	8	88	»	27	3	11	7
28	9	21	»	28	3	14	3
29	9	54	»	29	3	16	11
30	9	87	»	30	3	19	7
31	10	19	»	31	4	2	3
32	10	52	1	»	4	4	11
33	10	85	2	»	8	9	10
34	11	18	3	»	12	14	9
35	11	51	4	»	16	19	8
36	11	84	5	»	21	4	7
37	12	17	6	»	25	9	6
38	12	50	7	»	29	14	5
39	12	83	8	»	33	19	5
40	13	16	9	»	38	4	4
50	16	45	10	»	42	9	3
60	19	74	11	»	46	14	2
70	23	03	12	»	50	19	1
80	26	32	13	»	55	4	»
90	29	61	14	»	59	8	11
100	32	90	15	»	63	13	10
200	65	80	16	»	67	18	10
300	98	70	17	»	72	3	9
400	131	60	18	»	76	8	8
500	164	50	19	»	80	13	7
600	197	40	20	»	84	18	6
700	230	30	21	»	89	3	5
800	263	20	22	»	93	8	4
900	296	10	23	»	97	13	3
1000	329	00	24	»	101	18	3

ONCES

NOUV. à 329 f. 25 c.			ANCIENNE à 101 liv. 19 s. 9 d.				
TITRES.	VALEURS.		TITRES.		VALEURS.		
Millièm.	Francs.	Cent.	Karats.	32emes	Livres.	Sols.	Den.
1	»	32	»	1	»	2	7
2	»	65	»	2	»	5	3
3	»	98	»	3	»	7	11
4	1	31	»	4	»	10	7
5	1	64	»	5	»	13	3
6	1	97	»	6	»	15	11
7	2	30	»	7	»	18	7
8	2	63	»	8	1	1	2
9	2	96	»	9	1	3	10
10	3	29	»	10	1	6	6
11	3	62	»	11	1	9	2
12	3	95	»	12	1	11	10
13	4	28	»	13	1	14	6
14	4	60	»	14	1	17	2
15	4	93	»	15	1	19	10
16	5	26	»	16	2	2	5
17	5	59	»	17	2	5	1
18	5	92	»	18	2	7	9
19	6	25	»	19	2	10	5
20	6	58	»	20	2	13	1
21	6	91	»	21	2	15	9
22	7	24	»	22	2	18	5
23	7	57	»	23	3	1	1
24	7	90	»	24	3	3	8
25	8	23	»	25	3	6	4
26	8	56	»	26	3	9	»
27	8	88	»	27	3	11	8
28	9	21	»	28	3	14	4
29	9	54	»	29	3	17	»
30	9	87	»	30	3	19	8
31	10	20	»	31	4	2	4
32	10	53	1	»	4	4	11
33	10	86	2	»	8	9	11
34	11	19	3	»	12	14	11
35	11	52	4	»	16	19	11
36	11	85	5	»	21	4	11
37	12	18	6	»	25	9	11
38	12	51	7	»	29	14	11
39	12	84	8	»	33	19	11
40	13	17	9	»	38	4	10
50	16	46	10	»	42	9	10
60	19	75	11	»	46	14	10
70	23	04	12	»	50	19	10
80	26	34	13	»	55	4	10
90	29	63	14	»	59	9	10
100	32	92	15	»	63	14	10
200	65	85	16	»	67	19	10
300	98	77	17	»	72	4	9
400	131	70	18	»	76	9	9
500	164	62	19	»	80	14	9
600	197	55	20	»	84	19	9
700	230	47	21	»	89	4	9
800	263	40	22	»	93	9	9
900	296	32	23	»	97	14	9
1000	329	25	24	»	101	19	9

ONCES							
NOUV. à 329 f. 50 c.		ANCIENNE à 102 liv. 1 s. 4 d.					
TITRES.	VALEURS.		TITRES.		VALEURS.		
Millièm.	Francs.	Cent.	Karats.	32emes	Livres.	Sols.	Den.
1	»	32	»	1	»	2	7
2	»	65	»	2	»	5	3
3	»	98	»	3	»	7	11
4	1	31	»	4	»	10	7
5	1	64	»	5	»	13	3
6	1	97	»	6	»	15	11
7	2	30	»	7	»	18	7
8	2	63	»	8	1	1	3
9	2	96	»	9	1	3	11
10	3	29	»	10	1	6	6
11	3	62	»	11	1	9	2
12	3	95	»	12	1	11	10
13	4	28	»	13	1	14	6
14	4	61	»	14	1	17	2
15	4	94	»	15	1	19	10
16	5	27	»	16	2	2	6
17	5	60	»	17	2	5	2
18	5	93	»	18	2	7	10
19	6	26	»	19	2	10	6
20	6	59	»	20	2	13	1
21	6	91	»	21	2	15	9
22	7	24	»	22	2	18	5
23	7	57	»	23	3	1	1
24	7	90	»	24	3	3	9
25	8	23	»	25	3	6	5
26	8	56	»	26	3	9	1
27	8	89	»	27	3	11	9
28	9	22	»	28	3	14	5
29	9	55	»	29	3	17	»
30	9	88	»	30	3	19	8
31	10	21	»	31	4	2	4
32	10	54	1	»	4	5	»
33	10	87	2	»	8	10	1
34	11	20	3	»	12	15	2
35	11	53	4	»	17	»	2
36	11	86	5	»	21	5	3
37	12	19	6	»	25	10	4
38	12	52	7	»	29	15	4
39	12	85	8	»	34	»	5
40	13	18	9	»	38	5	6
50	16	47	10	»	42	10	6
60	19	77	11	»	46	15	7
70	23	06	12	»	51	»	8
80	26	36	13	»	55	5	8
90	29	65	14	»	59	10	9
100	32	95	15	»	63	15	10
200	65	90	16	»	68	»	10
300	98	85	17	»	72	5	11
400	131	80	18	»	76	11	»
500	164	75	19	»	80	16	»
600	197	70	20	»	85	1	1
700	230	65	21	»	89	6	2
800	263	60	22	»	93	11	2
900	296	55	23	»	97	16	3
1000	329	50	24	»	102	1	4

ONCES							
NOUV. à 329 f. 75 c.		ANCIENNE à 102 liv. 2 s. 10 d.					
TITRES.	VALEURS.		TITRES.		VALEURS.		
Millièm.	Francs.	Cent.	Karats.	32emes	Livres.	Sols.	Den.
1	»	32	»	1	»	2	7
2	»	65	»	2	»	5	3
3	»	98	»	3	»	7	11
4	1	31	»	4	»	10	7
5	1	64	»	5	»	13	3
6	1	97	»	6	»	15	11
7	2	30	»	7	»	18	7
8	2	63	»	8	1	1	3
9	2	96	»	9	1	3	11
10	3	29	»	10	1	6	7
11	3	62	»	11	1	9	3
12	3	95	»	12	1	11	11
13	4	28	»	13	1	14	6
14	4	61	»	14	1	17	2
15	4	94	»	15	1	19	10
16	5	27	»	16	2	2	6
17	5	60	»	17	2	5	2
18	6	93	»	18	2	7	10
19	6	26	»	19	2	10	6
20	6	59	»	20	2	13	2
21	6	92	»	21	2	15	10
22	7	25	»	22	2	18	6
23	7	58	»	23	3	1	2
24	7	91	»	24	3	3	10
25	8	24	»	25	3	6	5
26	8	57	»	26	3	9	1
27	8	90	»	27	3	11	9
28	9	23	»	28	3	14	5
29	9	56	»	29	3	17	1
30	9	89	»	30	3	19	9
31	10	22	»	31	4	2	5
32	10	55	1	»	4	5	1
33	10	88	2	»	8	10	2
34	11	21	3	»	12	15	4
35	11	54	4	»	17	»	5
36	11	87	5	»	21	5	7
37	12	20	6	»	25	10	8
38	12	53	7	»	29	15	9
39	12	86	8	»	34	»	11
40	13	19	9	»	38	6	»
50	16	48	10	»	42	11	2
60	19	78	11	»	46	16	3
70	23	08	12	»	51	1	5
80	26	38	13	»	55	6	6
90	29	67	14	»	59	11	7
100	32	97	15	»	63	16	9
200	65	95	16	»	68	1	10
300	98	92	17	»	72	7	»
400	131	90	18	»	76	12	1
500	164	87	19	»	80	17	2
600	197	85	20	»	85	2	4
700	230	82	21	»	89	7	5
800	263	80	22	»	93	12	7
900	296	77	23	»	97	17	8
1000	329	75	24	»	102	2	10

ONCES								ONCES							
NOUVELLE à 330 f.			ANCIENNE à 102 liv. 4 s. 5 d.					NOUV. à 330 f. 25 c.			ANCIENNE à 102 liv. 5 s. 11 d.				
TITRES.	VALEURS.		TITRES,		VALEURS.			TITRES.	VALEURS.		TITRES.		VALEURS.		
Millièm.	Francs.	Cent.	Karats.	32emes	Livres.	Sols.	Den.	Millièm.	Francs.	Cent.	Karats.	32emes	Livres.	Sols.	Den.
1	»	33	»	1	»	2	7	1	»	33	»	1	»	2	7
2	»	66	»	2	»	5	3	2	»	66	»	2	»	5	3
3	»	99	»	3	»	7	11	3	»	99	»	3	»	7	11
4	1	32	»	4	»	10	7	4	1	32	»	4	»	10	7
5	1	65	»	5	»	13	3	5	1	65	»	5	»	13	3
6	1	98	»	6	»	13	11	6	1	98	»	6	»	15	11
7	2	31	»	7	»	18	7	7	2	31	»	7	»	18	7
8	2	64	»	8	1	1	3	8	2	64	»	8	1	1	3
9	2	97	»	9	1	3	11	9	2	97	»	9	1	3	11
10	3	30	»	10	1	6	7	10	3	30	»	10	1	6	7
11	3	63	»	11	1	9	3	11	3	63	»	11	1	9	3
12	3	96	»	12	1	11	11	12	3	96	»	12	1	11	11
13	4	29	»	13	1	14	7	13	4	29	»	13	1	14	7
14	4	62	»	14	1	17	3	14	4	62	»	14	1	17	3
15	4	95	»	15	1	19	11	15	4	95	»	15	1	19	11
16	5	28	»	16	2	2	7	16	5	28	»	16	2	2	7
17	5	61	»	17	2	5	3	17	5	61	»	17	2	5	3
18	5	94	»	18	2	7	10	18	5	94	»	18	2	7	11
19	6	27	»	19	2	10	6	19	6	27	»	19	2	10	7
20	6	60	»	20	2	13	2	20	6	60	»	20	2	13	3
21	6	93	»	21	2	15	10	21	6	93	»	21	2	15	11
22	7	26	»	22	2	18	6	22	7	26	»	22	2	18	7
23	7	59	»	23	3	1	2	23	7	59	»	23	3	1	3
24	7	92	»	24	3	3	10	24	7	92	»	24	3	3	11
25	8	25	»	25	3	6	6	25	8	25	»	25	3	6	7
26	8	58	»	26	3	9	2	26	8	58	»	26	3	9	3
27	8	91	»	27	3	11	10	27	8	91	»	27	3	11	11
28	9	24	»	28	3	14	6	28	9	24	»	28	3	14	7
29	9	57	»	29	3	17	2	29	9	57	»	29	3	17	3
30	9	90	»	30	3	19	10	30	9	90	»	30	3	19	11
31	10	23	»	31	4	2	6	31	10	23	»	31	4	2	6
32	10	56	1	»	4	5	2	32	10	56	1	»	4	5	2
33	10	89	2	»	8	10	4	33	10	89	2	»	8	10	5
34	11	22	3	»	12	15	6	34	11	22	3	»	12	15	8
35	11	55	4	»	17	»	8	35	11	55	4	»	17	»	11
36	11	88	5	»	21	5	11	36	11	88	5	»	21	6	2
37	12	21	6	»	25	11	1	37	12	21	6	»	25	11	5
38	12	54	7	»	29	16	3	38	12	54	7	»	29	16	8
39	12	87	8	»	34	1	5	39	12	87	8	»	34	1	11
40	13	20	9	»	38	6	7	40	13	21	9	»	38	7	2
50	16	50	10	»	42	11	10	50	16	51	10	»	42	12	5
60	19	80	11	»	46	17	»	60	19	81	11	»	46	17	8
70	23	10	12	»	51	2	2	70	23	11	12	»	51	2	11
80	26	40	13	»	55	7	4	80	26	42	13	»	55	8	2
90	29	70	14	»	59	12	6	90	29	72	14	»	59	13	5
100	33	00	15	»	63	17	9	100	33	02	15	»	63	18	8
200	66	00	16	»	68	2	11	200	66	05	16	»	68	3	11
300	99	00	17	»	72	8	1	300	99	07	17	»	72	9	2
400	132	00	18	»	76	13	3	400	132	10	18	»	76	14	5
500	165	00	19	»	80	18	5	500	165	12	19	»	80	19	8
600	198	00	20	»	85	3	8	600	198	15	20	»	85	4	11
700	231	00	21	»	89	8	10	700	231	17	21	»	89	10	2
800	264	00	22	»	93	14	»	800	264	20	22	»	93	15	5
900	297	00	23	»	97	19	2	900	297	22	23	»	98	»	8
1000	330	00	24	»	102	4	5	1000	330	25	24	»	102	5	11

ONCES							
NOUV. à 330 f. 50 c.			ANCIENNE à 102 liv. 7 s. 6 d.				
TITRES.	VALEURS.		TITRES.		VALEURS.		
Millièm.	Francs.	Cent.	Karats.	32emes	Livres.	Sols.	Den.
1	»	33	»	1	»	2	7
2	»	66	»	2	»	5	3
3	»	99	»	3	»	7	11
4	1	32	»	4	»	10	7
5	1	65	»	5	»	13	3
6	1	98	»	6	»	15	11
7	2	31	»	7	»	18	7
8	2	64	»	8	1	1	3
9	2	97	»	9	1	3	11
10	3	30	»	10	1	6	7
11	3	63	»	11	1	9	3
12	3	96	»	12	1	11	11
13	4	29	»	13	1	14	7
14	4	62	»	14	1	17	3
15	4	95	»	15	1	19	11
16	5	28	»	16	2	2	7
17	5	61	»	17	2	5	3
18	5	94	»	18	2	7	11
19	6	27	»	19	2	10	7
20	6	61	»	20	2	13	3
21	6	94	»	21	2	15	11
22	7	27	»	22	2	18	7
23	7	60	»	23	3	1	3
24	7	93	»	24	3	3	11
25	8	26	»	25	3	6	7
26	8	59	»	26	3	9	3
27	8	92	»	27	3	11	11
28	9	25	»	28	3	14	7
29	9	58	»	29	3	17	3
30	9	91	»	30	3	19	11
31	10	24	»	31	4	2	7
32	10	57	1	»	4	5	3
33	10	90	2	»	8	10	7
34	11	23	3	»	12	15	11
35	11	56	4	»	17	1	3
36	11	89	5	»	21	6	6
37	12	22	6	»	25	11	10
38	12	55	7	»	29	17	2
39	12	88	8	»	34	2	6
40	13	22	9	»	38	7	9
50	16	52	10	»	42	13	1
60	19	83	11	»	46	18	5
70	23	13	12	»	51	3	9
80	26	44	13	»	55	9	»
90	29	74	14	»	59	14	4
100	33	05	15	»	63	19	8
200	66	10	16	»	68	5	»
300	99	15	17	»	72	10	3
400	132	20	18	»	76	15	7
500	165	25	19	»	81	»	11
600	198	30	20	»	85	6	3
700	231	35	21	»	89	11	6
800	264	40	22	»	93	16	10
900	297	45	23	»	98	2	2
1000	330	50	24	»	102	7	6

ONCES							
NOUV. à 330 f. 75 c.			ANCIENNE à 102 liv. 9 s. 1 d.				
TITRES.	VALEURS.		TITRES.		VALEURS.		
Millièm.	Francs.	Cent.	Karats.	32emes	Livres.	Sols.	Den.
1	»	33	»	1	»	2	8
2	»	66	»	2	»	5	4
3	»	99	»	3	»	8	»
4	1	32	»	4	»	10	8
5	1	65	»	5	»	13	4
6	1	98	»	6	»	16	»
7	2	31	»	7	»	18	8
8	2	64	»	8	1	1	4
9	2	97	»	9	1	4	»
10	3	30	»	10	1	6	8
11	3	63	»	11	1	9	4
12	3	96	»	12	1	12	»
13	4	29	»	13	1	14	8
14	4	63	»	14	1	17	4
15	4	96	»	15	2	»	»
16	5	29	»	16	2	2	8
17	5	62	»	17	2	5	4
18	5	95	»	18	2	8	»
19	6	28	»	19	2	10	8
20	6	61	»	20	2	13	4
21	6	94	»	21	2	16	»
22	7	27	»	22	2	18	8
23	7	60	»	23	3	1	4
24	7	93	»	24	3	4	»
25	8	26	»	25	3	6	8
26	8	59	»	26	3	9	4
27	8	93	»	27	3	12	»
28	9	26	»	28	3	14	8
29	9	59	»	29	3	17	4
30	9	92	»	30	4	»	»
31	10	25	»	31	4	2	8
32	10	58	1	»	4	5	4
33	10	91	2	»	8	10	9
34	11	24	3	»	12	16	1
35	11	57	4	»	17	1	6
36	11	90	5	»	21	6	10
37	12	23	6	»	25	12	3
38	12	56	7	»	29	17	7
39	12	89	8	»	34	3	»
40	13	23	9	»	38	8	4
50	16	53	10	»	42	13	9
60	19	84	11	»	46	19	1
70	23	15	12	»	51	4	6
80	26	46	13	»	55	9	11
90	29	76	14	»	59	15	3
100	33	7	15	»	64	»	8
200	66	15	16	»	68	6	»
300	99	22	17	»	72	11	5
400	132	30	18	»	76	16	9
500	165	37	19	»	81	2	2
600	198	45	20	»	85	7	6
700	231	42	21	»	89	12	11
800	264	60	22	»	93	18	3
900	297	67	23	»	98	3	8
1000	330	75	24	»	102	9	1

ONCES							
NOUV. à 331 f.			ANCIENNE à 102 liv. 10 s. 7 d.				
TITRES.	VALEURS.		TITRES.		VALEURS.		
Millièm.	Francs.	Cent.	Karats.	32emes	Livres.	Sols.	Den.
1	»	33	»	1	»	2	8
2	»	66	»	2	»	5	4
3	»	99	»	3	»	8	»
4	1	32	»	4	»	10	8
5	1	65	»	5	»	13	4
6	1	98	»	6	»	16	»
7	2	31	»	7	»	18	8
8	2	64	»	8	1	1	4
9	2	97	»	9	1	4	»
10	3	31	»	10	1	6	8
11	3	64	»	11	1	9	4
12	3	97	»	12	1	12	»
13	4	30	»	13	1	14	8
14	4	64	»	14	1	17	4
15	4	96	»	15	2	»	»
16	5	29	»	16	2	2	8
17	5	62	»	17	2	5	4
18	5	95	»	18	2	8	»
19	6	28	»	19	2	10	8
20	6	62	»	20	2	13	4
21	6	95	»	21	2	16	»
22	7	28	»	22	2	18	8
23	7	61	»	23	3	1	4
24	7	94	»	24	3	4	»
25	8	27	»	25	3	6	9
26	8	60	»	26	3	9	5
27	8	93	»	27	3	12	1
28	9	26	»	28	3	14	9
29	9	59	»	29	3	17	5
30	9	93	»	30	4	»	1
31	10	26	»	31	4	2	9
32	10	59	1	»	4	5	5
33	10	92	2	»	8	10	10
34	11	25	3	»	12	16	3
35	11	58	4	»	17	1	9
36	11	91	5	»	21	7	2
37	12	24	6	»	25	12	7
38	12	57	7	»	29	18	1
39	12	90	8	»	34	3	6
40	13	24	9	»	38	8	11
50	16	55	10	»	42	14	4
60	19	86	11	»	46	19	10
70	23	17	12	»	51	5	3
80	26	48	13	»	55	10	8
90	29	79	14	»	59	16	2
100	33	10	15	»	64	1	7
200	66	20	16	»	68	7	»
300	99	30	17	»	72	12	5
400	132	40	18	»	76	17	11
500	165	50	19	»	81	3	4
600	198	60	20	»	85	8	9
700	231	70	21	»	89	14	3
800	264	80	22	»	93	19	8
900	297	90	23	»	98	5	1
1000	331	00	24	»	102	10	7

ONCES							
NOUV. à 331 f. 25 c.			ANCIENNE à 102 liv. 12 s. 2 d.				
TITRES.	VALEURS.		TITRES.		VALEURS.		
Millièm.	Francs.	Cent.	Karats.	32emes	Livres.	Sols.	Den.
1	»	33	»	1	»	2	8
2	»	66	»	2	»	5	4
3	»	99	»	3	»	8	»
4	1	32	»	4	»	10	8
5	1	65	»	5	»	13	4
6	1	98	»	6	»	16	»
7	2	31	»	7	»	18	8
8	2	65	»	8	1	1	4
9	2	98	»	9	1	4	»
10	3	31	»	10	1	6	8
11	3	64	»	11	1	9	4
12	3	97	»	12	1	12	»
13	4	30	»	13	1	14	8
14	4	63	»	14	1	17	4
15	4	96	»	15	2	»	5
16	5	30	»	16	2	2	9
17	5	63	»	17	2	5	5
18	5	96	»	18	2	8	1
19	6	29	»	19	2	10	9
20	6	62	»	20	2	13	5
21	6	95	»	21	2	16	1
22	7	28	»	22	2	18	9
23	7	61	»	23	3	1	5
24	7	95	»	24	3	4	1
25	8	28	»	25	3	6	9
26	8	61	»	26	3	9	5
27	8	94	»	27	3	12	1
28	9	27	»	28	3	14	9
29	9	60	»	29	3	17	5
30	9	93	»	30	4	»	1
31	10	26	»	31	4	2	10
32	10	60	1	»	4	5	6
33	10	93	2	»	8	11	»
34	11	26	3	»	12	16	6
35	11	59	4	»	17	2	»
36	11	92	5	»	21	7	6
37	12	25	6	»	25	13	»
38	12	58	7	»	29	18	6
39	12	91	8	»	34	4	»
40	13	25	9	»	38	9	6
50	16	56	10	»	42	15	»
60	19	87	11	»	47	»	6
70	23	18	12	»	51	6	1
80	26	50	13	»	55	11	7
90	29	81	14	»	59	17	1
100	33	12	15	»	64	2	7
200	66	25	16	»	68	8	1
300	99	37	17	»	72	13	7
400	132	50	18	»	76	19	1
500	165	62	19	»	81	4	7
600	198	75	20	»	85	10	1
700	231	87	21	»	89	15	7
800	265	00	22	»	94	1	1
900	298	12	23	»	98	6	7
1000	331	25	24	»	102	12	2

ONCES									ONCES								
NOUV. à 331 f. 50 c.			ANCIENNE à 102 liv. 13 s. 8 d.						NOUV. à 331 f. 75 c.			ANCIENNE à 102 liv. 15 s. 3 d.					
TITRES.	VALEURS.		TITRES.		VALEURS.				TITRES.	VALEURS.		TITRES.		VALEURS.			
Millièm.	Francs.	Cent.	Karats.	32emes	Livres.	Sols.	Den.		Millièm.	Francs.	Cent.	Karats.	32emes	Livres.	Sols.	Den.	
1	»	33	»	1	»	2	8		1	»	33	»	1	»	2	8	
2	»	65	»	2	»	5	4		2	»	66	»	2	»	5	4	
3	»	99	»	3	»	8	»		3	»	99	»	3	»	8	»	
4	1	32	»	4	»	10	8		4	1	32	»	4	»	10	8	
5	1	65	»	5	»	13	4		5	1	65	»	5	»	13	4	
6	1	98	»	6	»	16	»		6	1	99	»	6	»	16	»	
7	2	32	»	7	»	18	8		7	2	32	»	7	»	18	8	
8	2	65	»	8	1	1	4		8	2	65	»	8	1	1	4	
9	2	98	»	9	1	4	»		9	2	98	»	9	1	4	1	
10	3	31	»	10	1	6	8		10	3	31	»	10	1	6	9	
11	3	64	»	11	1	9	4		11	3	64	»	11	1	9	5	
12	3	97	»	12	1	12	1		12	3	98	»	12	1	12	1	
13	4	30	»	13	1	14	9		13	4	31	»	13	1	14	9	
14	4	64	»	14	1	17	5		14	4	64	»	14	1	17	5	
15	4	97	»	15	2	»	1		15	4	97	»	15	2	»	1	
16	5	30	»	16	2	2	9		16	5	30	»	16	2	2	9	
17	5	63	»	17	2	5	5		17	5	63	»	17	2	5	5	
18	5	96	»	18	2	8	1		18	5	97	»	18	2	8	8	
19	6	29	»	19	2	10	9		19	6	30	»	19	2	10	10	
20	6	63	»	20	2	13	5		20	6	63	»	20	2	13	6	
21	6	96	»	21	2	16	1		21	6	96	»	21	2	16	2	
22	7	29	»	22	2	18	9		22	7	29	»	22	2	18	10	
23	7	62	»	23	3	1	6		23	7	63	»	23	3	1	6	
24	7	95	»	24	3	4	2		24	7	96	»	24	3	4	2	
25	8	28	»	25	3	6	10		25	8	29	»	25	3	6	10	
26	8	61	»	26	3	9	6		26	8	62	»	26	3	9	6	
27	8	95	»	27	3	12	2		27	8	95	»	27	3	12	3	
28	9	28	»	28	3	14	10		28	9	28	»	28	3	14	11	
29	9	61	»	29	3	17	6		29	9	62	»	29	3	17	7	
30	9	94	»	30	4	»	2		30	9	95	»	30	4	»	3	
31	10	27	»	31	4	2	10		31	10	28	»	31	4	2	11	
32	10	60	1	»	4	5	6		32	10	61	1	»	4	5	7	
33	10	93	2	»	8	11	1		33	10	84	2	»	8	11	3	
34	11	29	3	»	12	16	8		34	11	27	3	»	12	16	10	
35	11	60	4	»	17	2	3		35	11	61	4	»	17	2	6	
36	11	93	5	»	21	7	10		36	11	94	5	»	21	8	2	
37	12	26	6	»	25	13	5		37	12	27	6	»	25	13	9	
38	12	69	7	»	29	18	11		38	12	60	7	»	29	19	5	
39	12	92	8	»	34	4	6		39	12	93	8	»	34	5	1	
40	13	26	9	»	38	10	1		40	13	27	9	»	38	10	8	
50	16	57	10	»	42	15	8		50	16	58	10	»	42	16	4	
60	19	89	11	»	47	1	3		60	19	90	11	»	47	1	11	
70	23	20	12	»	51	6	10		70	23	22	12	»	51	7	7	
80	26	52	13	»	55	12	4		80	26	54	13	»	55	13	3	
90	29	83	14	»	59	17	11		90	29	85	14	»	59	18	10	
100	33	15	15	»	64	3	6		100	33	17	15	»	64	4	6	
200	65	30	16	»	68	9	1		200	66	35	16	»	68	10	2	
300	99	45	17	»	72	14	8		300	99	52	17	»	72	15	9	
400	132	60	18	»	77	»	3		400	132	70	18	»	77	1	5	
500	165	75	19	»	81	5	9		500	165	87	19	»	81	7	»	
600	198	90	20	»	85	11	4		600	199	05	20	»	85	12	8	
700	232	05	21	»	89	16	11		700	232	22	21	»	89	18	4	
800	265	20	22	»	94	2	6		800	265	40	22	»	94	3	11	
900	298	35	23	»	98	8	1		900	298	57	23	»	98	9	7	
1000	331	50	24	»	102	13	8		1000	331	75	24	»	102	15	3	

ONCES							
NOUVELLE à 332 f.			ANCIENNE à 102 liv. 16 s. 10 d.				
TITRES.	VALEURS.		TITRES.		VALEURS.		
Millièm.	Francs.	Cent.	Karats.	32emes	Livres.	Sols.	Den.
1	»	33	»	1	»	2	8
2	»	66	»	2	»	5	4
3	»	99	»	3	»	8	»
4	1	32	»	4	»	10	8
5	1	66	»	5	»	13	4
6	1	99	»	6	»	16	»
7	2	32	»	7	»	18	8
8	2	65	»	8	1	1	5
9	2	98	»	9	1	4	1
10	3	32	»	10	1	6	9
11	3	65	»	11	1	9	5
12	3	98	»	12	1	12	1
13	4	31	»	13	1	14	9
14	4	64	»	14	1	17	5
15	4	98	»	15	2	»	2
16	5	31	»	16	2	2	10
17	5	64	»	17	2	5	6
18	5	97	»	18	2	8	2
19	6	33	»	19	2	10	10
20	6	64	»	20	2	13	6
21	6	97	»	21	2	16	2
22	7	30	»	22	2	18	11
23	7	63	»	23	3	1	7
24	7	96	»	24	3	4	3
25	8	30	»	25	3	6	11
26	8	63	»	26	3	9	7
27	8	96	»	27	3	12	3
28	9	29	»	28	3	14	11
29	9	62	»	29	3	17	8
30	9	96	»	30	4	»	4
31	10	29	»	31	4	3	»
32	10	62	1	»	4	5	8
33	10	95	2	»	8	11	4
34	11	28	3	»	12	17	1
35	11	62	4	»	17	2	9
36	11	95	5	»	21	8	6
37	12	28	6	»	25	14	2
38	12	61	7	»	29	19	10
39	12	94	8	»	34	5	7
40	13	28	9	»	38	11	3
50	16	60	10	»	42	17	»
60	19	92	11	»	47	2	8
70	23	24	12	»	51	8	5
80	26	56	13	»	55	14	1
90	29	88	14	»	59	19	9
100	33	20	15	»	64	5	6
200	66	40	16	»	68	11	2
300	99	60	17	»	72	16	11
400	132	80	18	»	77	2	7
500	166	00	19	»	81	8	3
600	199	20	20	»	85	14	»
700	232	40	21	»	89	19	8
800	265	60	22	»	94	5	5
900	298	80	23	»	98	11	1
1000	332	00	24	»	102	16	10

ONCES							
NOUV. à 332 f. 25 c.			ANCIENNE à 102 liv. 18 s. 4 d.				
TITRES.	VALEURS.		TITRES.		VALEURS.		
Millièm.	Francs.	Cent.	Karats.	32emes	Livres.	Sols.	Den.
1	»	33	»	1	»	2	8
2	»	66	»	2	»	5	4
3	»	99	»	3	»	8	»
4	1	32	»	4	»	10	8
5	1	66	»	5	»	13	4
6	1	99	»	6	»	16	»
7	2	32	»	7	»	18	9
8	2	65	»	8	1	1	5
9	2	99	»	9	1	4	1
10	3	32	»	10	1	6	9
11	3	65	»	11	1	9	5
12	3	98	»	12	1	12	1
13	4	31	»	13	1	14	10
14	4	65	»	14	1	17	6
15	4	98	»	15	2	»	2
16	5	31	»	16	2	2	10
17	5	64	»	17	2	5	6
18	5	98	»	18	2	8	2
19	6	31	»	19	2	10	11
20	6	64	»	20	2	13	7
21	6	97	»	21	2	16	3
22	7	30	»	22	2	18	11
23	7	64	»	23	3	1	7
24	7	97	»	24	3	4	3
25	8	30	»	25	3	7	»
26	8	63	»	26	3	9	8
27	8	97	»	27	3	12	4
28	9	30	»	28	3	15	»
29	9	63	»	29	3	17	8
30	9	96	»	30	4	»	4
31	10	29	»	31	4	3	1
32	10	63	1	»	4	5	9
33	10	96	2	»	8	11	6
34	11	29	3	»	12	17	3
35	11	62	4	»	17	3	»
36	11	96	5	»	21	8	9
37	12	29	6	»	25	14	7
38	12	62	7	»	30	»	4
39	12	95	8	»	34	6	1
40	13	29	9	»	38	11	10
50	16	61	10	»	42	17	7
60	19	93	11	»	47	3	4
70	23	25	12	»	51	9	2
80	26	58	13	»	55	14	11
90	29	90	14	»	60	»	8
100	33	22	15	»	64	6	5
200	66	45	16	»	68	12	2
300	99	67	17	»	72	17	11
400	132	90	18	»	77	3	9
500	166	12	19	»	81	9	6
600	199	35	20	»	85	15	3
700	232	57	21	»	90	1	»
800	265	80	22	»	94	6	9
900	299	02	23	»	98	12	6
1000	332	25	24	»	102	18	4

ONCES								
NOUV. à 332 f. 50 c.			ANCIENNE à 102 liv. 19 s. 11 d.					
TITRES.	VALEURS.		TITRES.		VALEURS.			
Milliém.	Francs.	Cent.	Karats.	32emes	Livres.	Sols.	Den.	
1	»	33	»	1	»	2	8	
2	»	66	»	2	»	5	4	
3	»	99	»	3	»	8	»	
4	1	33	»	4	»	10	8	
5	1	66	»	5	»	13	4	
6	1	99	»	6	»	16	1	
7	2	32	»	7	»	18	9	
8	2	66	»	8	1	1	5	
9	2	99	»	9	1	4	1	
10	3	32	»	10	1	6	9	
11	3	65	»	11	1	9	6	
12	3	99	»	12	1	12	2	
13	4	32	»	13	1	14	10	
14	4	65	»	14	1	17	6	
15	4	98	»	15	2	»	2	
16	5	32	»	16	2	2	10	
17	5	65	»	17	2	5	7	
18	5	98	»	18	2	8	3	
19	6	31	»	19	2	10	11	
20	6	65	»	20	2	13	7	
21	6	98	»	21	2	16	3	
22	7	31	»	22	2	19	»	
23	7	64	»	23	3	1	8	
24	7	98	»	24	3	4	4	
25	8	31	»	25	3	7	»	
26	8	64	»	26	3	9	8	
27	8	97	»	27	3	12	5	
28	9	31	»	28	3	15	1	
29	9	64	»	29	3	17	9	
30	9	97	»	30	4	»	5	
31	10	30	»	31	4	3	1	
32	10	64	1	»	4	5	9	
33	10	97	2	»	8	11	7	
34	11	30	3	»	12	17	5	
35	11	63	4	»	17	3	3	
36	11	97	5	»	21	9	1	
37	12	30	6	»	25	14	11	
38	12	63	7	»	30	»	9	
39	12	96	8	»	34	6	7	
40	13	30	9	»	38	12	5	
50	16	62	10	»	42	18	3	
60	19	95	11	»	47	4	1	
70	23	27	12	»	51	9	11	
80	26	60	13	»	55	15	9	
90	29	92	14	»	60	1	7	
100	33	25	15	»	64	7	5	
200	66	50	16	»	68	13	3	
300	99	75	17	»	72	19	1	
406	133	00	18	»	77	4	11	
500	166	25	19	»	81	10	9	
600	199	50	20	»	85	16	7	
700	232	75	21	»	90	2	5	
800	266	00	22	»	94	8	3	
900	299	25	23	»	98	14	1	
1000	332	50	24	»	102	19	11	

ONCES							
NOUV. à 332 f. 75 c.			ANCIENNE à 103 liv. 1 s. 5 d.				
TITRES.	VALEURS.		TITRES.		VALEURS.		
Milliém.	Francs.	Cent.	Karats.	32emes	Livres.	Sols.	Den.
1	»	33	»	1	»	2	8
2	»	66	»	2	»	5	4
3	»	99	»	3	»	8	»
4	1	33	»	4	»	10	8
5	1	66	»	5	»	13	5
6	1	99	»	6	»	16	1
7	2	32	»	7	»	18	9
8	2	66	»	8	1	1	5
9	2	99	»	9	1	4	1
10	3	32	»	10	1	6	10
11	3	66	»	11	1	9	6
12	3	99	»	12	1	12	2
13	4	32	»	13	1	14	10
14	4	65	»	14	1	17	6
15	4	99	»	15	2	»	3
16	5	32	»	16	2	2	11
17	5	65	»	17	2	5	7
18	5	98	»	18	2	8	3
19	6	32	»	19	2	10	11
20	6	65	»	20	2	13	8
21	6	98	»	21	2	16	4
22	7	32	»	22	2	19	»
23	7	65	»	23	3	1	8
24	7	98	»	24	3	4	5
25	8	31	»	25	3	7	1
26	8	65	»	26	3	9	9
27	8	98	»	27	3	12	5
28	9	31	»	28	3	15	1
29	9	64	»	29	3	17	10
30	9	98	»	30	4	»	6
31	10	31	»	31	4	3	2
32	10	64	1	»	4	5	10
33	10	98	2	»	8	11	9
34	11	31	3	»	12	17	8
35	11	64	4	»	17	3	6
36	11	97	5	»	21	9	5
37	12	31	6	»	25	15	4
38	12	64	7	»	30	1	2
39	12	97	8	»	34	7	1
40	13	31	9	»	38	13	»
50	16	63	10	»	42	18	11
60	19	96	11	»	47	4	9
70	23	29	12	»	51	10	8
80	26	62	13	»	55	16	7
90	29	94	14	»	60	2	5
100	33	27	15	»	64	8	4
200	66	65	16	»	68	14	3
300	99	82	17	»	73	»	2
400	133	10	18	»	77	6	»
500	166	37	19	»	81	11	11
600	199	65	20	»	85	17	10
700	232	92	21	»	90	3	8
800	266	20	22	»	94	9	7
900	299	47	23	»	98	15	6
1000	332	75	24	»	103	1	5

ONCES								
NOUV. à 333 f.			ANCIENNE à 103 liv. 3 s.					
TITRES.	VALEURS.		TITRES.		VALEURS.			
Millièm.	Francs.	Cent.	Karats.	32emes	Livres.	Sols.	Den.	
1	»	33	»	1	»	2	8	
2	»	66	»	2	»	5	4	
3	»	99	»	3	»	8	»	
4	1	33	»	4	»	10	8	
5	1	66	»	5	»	13	5	
6	1	99	»	6	»	16	1	
7	2	33	»	7	»	18	9	
8	2	66	»	8	1	1	5	
9	2	99	»	9	1	4	2	
10	3	33	»	10	1	6	10	
11	3	66	»	11	1	9	6	
12	3	99	»	12	1	12	2	
13	4	32	»	13	1	14	11	
14	4	66	»	14	1	17	7	
15	4	99	»	15	2	»	3	
16	5	32	»	16	2	2	11	
17	5	66	»	17	2	5	7	
18	5	99	»	18	2	8	4	
19	6	32	»	19	2	11	»	
20	6	66	»	20	2	13	8	
21	6	99	»	21	2	16	4	
22	7	32	»	22	2	19	1	
23	7	65	»	23	3	1	9	
24	7	99	»	24	3	4	5	
25	8	32	»	25	3	7	1	
26	8	65	»	26	3	9	10	
27	8	99	»	27	3	12	6	
28	9	32	»	28	3	15	2	
29	9	65	»	29	3	17	10	
30	9	99	»	30	4	»	7	
31	10	32	»	31	4	3	3	
32	10	65	1	»	4	5	11	
33	10	98	2	»	8	11	11	
34	11	32	3	»	12	17	10	
35	11	65	4	»	17	3	10	
36	11	98	5	»	21	9	9	
37	12	32	6	»	25	15	9	
38	12	65	7	»	30	1	8	
39	12	98	8	»	34	7	8	
40	13	32	9	»	38	13	7	
50	16	65	10	»	42	19	7	
60	19	98	11	»	47	5	6	
70	23	31	12	»	51	11	6	
80	26	64	13	»	55	17	5	
90	29	97	14	»	60	3	5	
100	33	30	15	»	64	9	4	
200	66	60	16	»	68	15	4	
300	99	90	17	»	73	1	3	
400	133	20	18	»	77	7	3	
500	166	50	19	»	81	13	2	
600	199	80	20	»	85	19	2	
700	233	10	21	»	90	5	1	
800	266	40	22	»	94	11	1	
900	299	70	23	»	98	17	»	
1000	333	00	24	»	103	3	»	

ONCES								
NOUV. à 333 f. 25 c.			ANCIENNE à 103 liv. 4 s. 7 d.					
TITRES.	VALEURS.		TITRES.		VALEURS.			
Millièm.	Francs.	Cent.	Karats.	32emes	Livres.	Sols.	Den.	
1	»	33	»	1	»	2	8	
2	»	66	»	2	»	5	4	
3	»	99	»	3	»	8	»	
4	1	33	»	4	»	10	9	
5	1	66	»	5	»	13	5	
6	1	99	»	6	»	16	1	
7	2	33	»	7	»	18	9	
8	2	66	»	8	1	1	6	
9	2	99	»	9	1	4	2	
10	3	33	»	10	1	6	10	
11	3	66	»	11	1	9	6	
12	3	99	»	12	1	12	3	
13	4	33	»	13	1	14	11	
14	4	66	»	14	1	17	7	
15	4	99	»	15	2	»	3	
16	5	33	»	16	2	3	»	
17	5	66	»	17	2	5	8	
18	5	99	»	18	2	8	4	
19	6	33	»	19	2	11	»	
20	6	66	»	20	2	13	9	
21	6	99	»	21	2	16	5	
22	7	33	»	22	2	19	1	
23	7	66	»	23	3	1	9	
24	7	99	»	24	3	4	6	
25	8	33	»	25	3	7	2	
26	8	66	»	26	3	9	10	
27	8	99	»	27	3	12	6	
28	9	33	»	28	3	15	3	
29	9	66	»	29	3	17	11	
30	9	99	»	30	4	»	7	
31	10	33	»	31	4	3	3	
32	10	66	1	»	4	6	»	
33	10	99	2	»	8	12	»	
34	11	33	3	»	12	18	»	
35	11	66	4	»	17	4	1	
36	11	99	5	»	21	10	1	
37	12	33	6	»	25	16	1	
38	12	66	7	»	30	2	2	
39	12	99	8	»	34	8	2	
40	13	33	9	»	38	14	2	
50	16	66	10	»	43	»	2	
60	19	99	11	»	47	6	3	
70	23	32	12	»	51	12	3	
80	26	66	13	»	55	18	3	
90	29	99	14	»	60	4	4	
100	33	32	15	»	64	10	4	
200	66	65	16	»	68	16	4	
300	99	97	17	»	73	2	4	
400	133	30	18	»	77	8	5	
500	166	62	19	»	81	14	5	
600	199	95	20	»	86	»	5	
700	233	27	21	»	90	6	6	
800	266	60	22	»	94	12	6	
900	299	92	23	»	98	18	6	
1000	333	25	24	»	103	4	7	

ONCES

NOUV. à 333 f. 50 c.			ANCIENNE à 103 liv. 6 s. 1 d.				
TITRES.	VALEURS.		TITRES.		VALEURS.		
Millièm.	Francs.	Cent.	Karats.	32emes	Livres.	Sols.	Den.
1	»	33	»	1	»	2	8
2	»	66	»	2	»	5	4
3	1	00	»	3	»	8	»
4	1	33	»	4	»	10	9
5	1	66	»	5	»	13	5
6	2	00	»	6	»	16	1
7	2	33	»	7	»	18	9
8	2	66	»	8	1	1	6
9	3	00	»	9	1	4	2
10	3	33	»	10	1	6	10
11	3	66	»	11	1	9	7
12	4	00	»	12	1	12	3
13	4	33	»	13	1	14	11
14	4	66	»	14	1	17	7
15	5	00	»	15	2	»	4
16	5	33	»	16	2	3	»
17	5	66	»	17	2	5	8
18	6	00	»	18	2	8	5
19	6	33	»	19	2	11	1
20	6	67	»	20	2	13	9
21	7	00	»	21	2	16	5
22	7	33	»	22	2	19	2
23	7	67	»	23	3	1	10
24	8	00	»	24	3	4	6
25	8	33	»	25	3	7	3
26	8	67	»	26	3	9	11
27	9	00	»	27	3	12	7
28	9	33	»	28	3	15	3
29	9	67	»	29	3	18	»
30	10	00	»	30	4	»	8
31	10	33	»	31	4	3	4
32	10	67	1	»	4	6	1
33	11	00	2	»	8	12	2
34	11	33	3	»	12	18	3
35	11	67	4	»	17	4	4
36	12	00	5	»	21	10	5
37	12	33	6	»	25	16	6
38	12	67	7	»	30	2	7
39	13	00	8	»	34	8	8
40	13	34	9	»	38	14	9
50	16	67	10	»	43	»	10
60	20	01	11	»	47	6	11
70	23	34	12	»	51	13	»
80	26	68	13	»	55	19	1
90	30	01	14	»	60	5	2
100	33	85	15	»	64	11	3
200	66	70	16	»	68	17	4
300	100	05	17	»	73	3	5
400	133	40	18	»	77	9	6
500	165	75	19	»	81	15	7
600	200	10	20	»	86	1	8
700	233	45	21	»	90	7	9
800	266	80	22	»	94	13	10
900	300	15	23	»	98	19	11
1000	333	50	24	»	103	6	1

ONCES

NOUV. à 333 f. 75 c.			ANCIENNE à 103 liv. 7 s. 8 d.				
TITRES.	VALEURS.		TITRES.		VALEURS.		
Millièm.	Francs.	Cent.	Karats.	32emes	Livres.	Sols.	Den.
1	»	33	»	1	»	2	8
2	»	66	»	2	»	5	4
3	1	00	»	3	»	8	»
4	1	33	»	4	»	10	9
5	1	66	»	5	»	13	5
6	2	00	»	6	»	16	1
7	2	33	»	7	»	18	10
8	2	67	»	8	1	1	6
9	3	00	»	9	1	4	2
10	3	33	»	10	1	6	11
11	3	67	»	11	1	9	7
12	4	00	»	12	1	12	3
13	4	33	»	13	1	14	11
14	4	67	»	14	1	17	8
15	5	00	»	15	2	»	4
16	5	34	»	16	2	3	»
17	5	67	»	17	2	5	9
18	6	00	»	18	2	8	5
19	6	34	»	19	2	11	1
20	6	67	»	20	2	13	10
21	7	00	»	21	2	16	6
22	7	34	»	22	2	19	2
23	7	67	»	23	3	1	11
24	8	01	»	24	3	4	7
25	8	34	»	25	3	7	3
26	8	67	»	26	3	9	11
27	9	01	»	27	3	12	8
28	9	34	»	28	3	15	4
29	9	67	»	29	3	18	»
30	10	01	»	30	4	»	9
31	10	34	»	31	4	3	5
32	10	68	1	»	4	6	1
33	11	01	2	»	8	12	3
34	11	34	3	»	12	18	5
35	11	68	4	»	17	4	7
36	12	01	5	»	21	10	9
37	12	34	6	»	25	16	11
38	12	68	7	»	30	3	»
39	13	01	8	»	34	9	2
40	13	35	9	»	38	15	4
50	16	68	10	»	43	1	6
60	20	02	11	»	47	7	8
70	23	36	12	»	51	13	10
80	26	70	13	»	55	19	11
90	30	03	14	»	60	6	1
100	33	37	15	»	64	12	3
200	66	75	16	»	68	18	5
300	100	12	17	»	73	4	7
400	133	50	18	»	77	10	9
500	166	87	19	»	81	16	10
600	200	25	20	»	86	3	»
700	233	62	21	»	90	9	2
800	267	00	22	»	94	15	4
900	300	37	23	»	99	1	6
1000	333	75	24	»	103	7	8

ONCES								ONCES							
NOUVELLE à 334 f.			ANCIENNE à 103 liv. 9 s. 2 d.					NOUV. à 334 f. 25 c.			ANCIENNE à 103 liv. 10 s. 9 d.				
TITRES.	VALEURS.		TITRES.		VALEURS.			TITRES.	VALEURS.		TITRES.		VALEURS.		
Millièm.	Francs.	Cent.	Karats.	32emes	Livres.	Sols.	Den.	Millièm.	Francs.	Cent.	Karats.	32emes	Livres.	Sols.	Den.
1	»	33	»	1	»	2	8	1	»	33	»	1	»	2	8
2	»	66	»	2	»	5	4	2	»	66	»	2	»	5	4
3	1	00	»	3	»	8	»	3	1	00	»	3	»	8	1
4	1	33	»	4	»	10	9	4	1	33	»	4	»	10	9
5	1	67	»	5	»	13	5	5	1	67	»	5	»	13	5
6	2	00	»	6	»	16	1	6	2	00	»	6	»	16	2
7	2	33	»	7	»	18	10	7	2	33	»	7	»	18	10
8	2	67	»	8	1	1	6	8	2	67	»	8	1	1	6
9	3	00	»	9	1	4	2	9	3	00	»	9	1	4	3
10	3	34	»	10	1	6	11	10	3	34	»	10	1	6	11
11	3	67	»	11	1	9	7	11	3	67	»	11	1	9	7
12	4	00	»	12	1	12	3	12	4	01	»	12	1	12	4
13	4	34	»	13	1	15	»	13	4	34	»	13	1	15	»
14	4	67	»	14	1	17	8	14	4	67	»	14	1	17	8
15	5	01	»	15	2	»	4	15	5	01	»	15	2	»	5
16	5	34	»	16	2	3	1	16	5	34	»	16	2	3	1
17	5	67	»	17	2	5	9	17	5	68	»	17	2	5	10
18	6	01	»	18	2	8	5	18	6	01	»	18	2	8	6
19	6	34	»	19	2	11	2	19	6	35	»	19	2	11	2
20	6	68	»	20	2	13	10	20	6	68	»	20	2	13	11
21	7	01	»	21	2	16	6	21	7	01	»	21	2	16	7
22	7	34	»	22	2	19	3	22	7	35	»	22	2	19	3
23	7	68	»	23	3	1	11	23	7	68	»	23	3	2	»
24	8	01	»	24	3	4	7	24	8	02	»	24	3	4	8
25	8	35	»	25	3	7	4	25	8	35	»	25	3	7	4
26	8	68	»	26	3	10	»	26	8	69	»	26	3	10	1
27	9	01	»	27	3	12	8	27	9	02	»	27	3	12	9
28	9	35	»	28	3	15	5	28	9	35	»	28	3	15	5
29	9	68	»	29	3	18	1	29	9	69	»	29	3	18	2
30	10	02	»	30	4	»	9	30	10	02	»	30	4	»	10
31	10	35	»	31	4	3	5	31	10	36	»	31	4	3	7
32	10	68	1	»	4	6	2	32	10	69	1	»	4	6	3
33	11	02	2	»	8	12	5	33	11	03	2	»	8	12	6
34	11	35	3	»	12	18	7	34	11	36	3	»	12	18	10
35	11	69	4	»	17	4	10	35	11	69	4	»	17	5	1
36	12	02	5	»	21	11	»	36	12	03	5	»	21	11	4
37	12	35	6	»	25	17	3	37	12	36	6	»	25	17	8
38	12	69	7	»	30	3	6	38	12	70	7	»	30	3	11
39	13	02	8	»	34	9	8	39	13	03	8	»	34	10	3
40	13	36	9	»	38	15	11	40	13	37	9	»	38	16	6
50	16	70	10	»	43	2	1	50	16	71	10	»	43	2	9
60	20	04	11	»	47	8	4	60	20	05	11	»	47	9	1
70	23	38	12	»	51	14	7	70	23	39	12	»	51	15	4
80	26	72	13	»	56	»	9	80	26	74	13	»	56	1	7
90	30	06	14	»	60	7	»	90	30	08	14	»	60	7	11
100	33	40	15	»	64	13	2	100	33	42	15	»	64	14	2
200	66	80	16	»	68	19	5	200	66	85	16	»	69	»	6
300	100	20	17	»	73	5	7	300	100	27	17	»	73	6	9
400	133	60	18	»	77	11	10	400	133	70	18	»	77	13	»
500	167	00	19	»	81	18	1	500	167	12	19	»	81	19	4
600	200	40	20	»	86	4	3	600	200	55	20	»	86	5	7
700	233	80	21	»	90	10	6	700	233	97	21	»	90	11	10
800	267	20	22	»	94	16	8	800	267	40	22	»	94	18	2
900	300	60	23	»	99	2	11	900	300	82	23	»	99	4	5
1000	334	00	24	»	103	9	2	1000	334	25	24	»	103	10	9

ONCES							
NOUV. à 334 f. 50 c.			ANCIENNE à 103 liv. 12 s. 3 d.				
TITRES.	VALEURS.		TITRES.		VALEURS.		
Millièm.	Francs.	Cent.	Karats.	32emes	Livres.	Sols.	Den.
1	»	33	»	1	»	2	8
2	»	66	»	2	»	5	4
3	1	00	»	3	»	8	1
4	1	33	»	4	»	10	9
5	1	67	»	5	»	13	5
6	2	00	»	6	»	16	2
7	2	34	»	7	»	18	10
8	2	67	»	8	1	1	7
9	3	01	»	9	1	4	3
10	3	34	»	10	1	6	11
11	3	67	»	11	1	9	8
12	4	01	»	12	1	12	4
13	4	34	»	13	1	15	»
14	4	68	»	14	1	17	9
15	5	01	»	15	2	»	5
16	5	35	»	16	2	3	2
17	5	68	»	17	2	5	10
18	6	02	»	18	2	8	6
19	6	35	»	19	2	11	3
20	6	69	»	20	2	13	11
21	7	02	»	21	2	16	7
22	7	35	»	22	2	19	4
23	7	69	»	23	3	2	»
24	8	02	»	24	3	4	9
25	8	36	»	25	3	7	5
26	8	69	»	26	3	10	1
27	9	03	»	27	3	12	10
28	9	36	»	28	3	15	6
29	9	70	»	29	3	18	2
30	10	03	»	30	4	»	11
31	10	36	»	31	4	3	7
32	10	70	1	»	4	6	4
33	11	03	2	»	8	12	8
34	11	37	3	»	12	19	»
35	11	70	4	»	17	5	4
36	12	04	5	»	21	11	8
37	12	37	6	»	25	18	»
38	12	71	7	»	30	4	4
39	13	04	8	»	34	10	9
40	13	38	9	»	38	17	1
50	16	72	10	»	43	3	5
60	20	07	11	»	47	9	9
70	23	41	12	»	51	16	1
80	26	76	13	»	56	2	5
90	30	10	14	»	60	8	9
100	33	45	15	»	64	15	1
200	66	90	16	»	69	1	6
300	100	35	17	»	73	7	10
400	133	80	18	»	77	14	2
500	167	25	19	»	82	»	6
600	200	70	20	»	86	6	10
700	234	15	21	»	90	13	2
800	267	60	22	»	94	19	6
900	301	05	23	»	99	5	10
1000	334	50	24	»	103	12	3

ONCES							
NOUV. à 334 f. 75 c.			ANCIENNE à 103 liv. 13 s. 10 d.				
TITRES.	VALEURS.		TITRES.		VALEURS.		
Millièm.	Francs.	Cent.	Karats.	32emes	Livres.	Sols.	Den.
1	»	33	»	1	»	2	8
2	»	66	»	2	»	5	4
3	1	00	»	3	»	8	1
4	1	33	»	4	»	10	9
5	1	67	»	5	»	13	6
6	2	00	»	6	»	16	2
7	2	34	»	7	»	18	10
8	2	67	»	8	1	1	7
9	3	01	»	9	1	4	3
10	3	34	»	10	1	7	»
11	3	68	»	11	1	9	8
12	4	01	»	12	1	12	4
13	4	35	»	13	1	15	1
14	4	68	»	14	1	17	9
15	5	02	»	15	2	»	6
16	5	35	»	16	2	3	2
17	5	69	»	17	2	5	10
18	6	02	»	18	2	8	7
19	6	36	»	19	2	11	3
20	6	69	»	20	2	14	»
21	7	02	»	21	2	16	8
22	7	36	»	22	2	19	4
23	7	69	»	23	3	2	1
24	8	03	»	24	3	4	9
25	8	36	»	25	3	7	6
26	8	70	»	26	3	10	2
27	9	03	»	27	3	12	10
28	9	37	»	28	3	15	7
29	9	70	»	29	3	18	3
30	10	04	»	30	4	1	»
31	10	37	»	31	4	3	8
32	10	71	1	»	4	6	4
33	11	04	2	»	8	12	9
34	11	38	3	»	12	19	2
35	11	71	4	»	17	5	7
36	12	05	5	»	21	12	»
37	12	38	6	»	25	18	5
38	12	72	7	»	30	4	10
39	13	05	8	»	34	11	3
40	13	39	9	»	38	17	8
50	16	73	10	»	43	4	1
60	20	08	11	»	47	10	6
70	23	43	12	»	51	16	11
80	26	78	13	»	56	3	3
90	30	12	14	»	60	9	8
100	33	47	15	»	64	16	1
200	66	95	16	»	69	2	6
300	100	42	17	»	73	8	11
400	133	90	18	»	77	15	4
500	167	37	19	»	82	1	9
600	200	85	20	»	86	8	2
700	234	32	21	»	90	14	7
800	267	80	22	»	95	1	»
900	301	27	23	»	99	7	5
1000	334	75	24	»	103	18	10

ONCES

NOUV. à 335 f.			ANCIENNE à 103 liv. 15 s. 5 d.				
TITRES.	VALEURS.		TITRES.		VALEURS.		
Milliém.	Francs.	Cent.	Karats.	32emes	Livres.	Sols.	Den.
1	»	33	»	1	»	2	8
2	»	67	»	2	»	5	4
3	1	00	»	3	»	8	1
4	1	34	»	4	»	10	9
5	1	67	»	5	»	13	6
6	2	01	»	6	»	16	2
7	2	34	»	7	»	18	10
8	2	68	»	8	1	1	7
9	3	01	»	9	1	4	3
10	3	35	»	10	1	7	»
11	3	68	»	11	1	9	8
12	4	02	»	12	1	12	5
13	4	35	»	13	1	15	1
14	4	69	»	14	1	17	9
15	5	02	»	15	2	»	6
16	5	36	»	16	2	3	2
17	5	69	»	17	2	5	11
18	6	03	»	18	2	8	7
19	6	36	»	19	2	11	4
20	6	70	»	20	2	14	»
21	7	03	»	21	2	16	8
22	7	37	»	22	2	19	5
23	7	70	»	23	3	2	1
24	8	04	»	24	3	4	10
25	8	37	»	25	3	7	6
26	8	71	»	26	3	10	3
27	9	04	»	27	3	12	11
28	9	38	»	28	3	15	7
29	9	71	»	29	3	18	4
30	10	05	»	30	4	1	»
31	10	38	»	31	4	3	9
32	10	72	1	»	4	6	5
33	11	05	2	»	8	12	11
34	11	39	3	»	12	19	5
35	11	72	4	»	17	5	10
36	12	06	5	»	21	12	4
37	12	39	6	»	25	18	10
38	12	73	7	»	30	5	3
39	13	06	8	»	34	11	9
40	13	40	9	»	38	18	3
50	16	75	10	»	43	4	9
60	20	10	11	»	47	11	2
70	23	45	12	»	51	17	8
80	26	80	13	»	56	4	2
90	30	15	14	»	60	10	7
100	33	50	15	»	64	17	1
200	67	00	16	»	69	3	7
300	100	50	17	»	73	10	1
400	134	00	18	»	77	16	6
500	167	50	19	»	82	3	»
600	201	00	20	»	86	9	6
700	234	50	21	»	90	15	11
800	268	00	22	»	95	2	5
900	301	50	23	»	99	8	11
1000	335	00	24	»	103	15	5

ONCES

NOUV. à 335 f. 25 c.			ANCIENNE à 103 liv. 16 s. 11 d.				
TITRES.	VALEURS.		TITRES.		VALEURS.		
Milliém.	Francs.	Cent.	Karats.	32emes	Livres.	Sols.	Den.
1	»	33	»	1	»	2	8
2	»	67	»	2	»	5	4
3	1	00	»	3	»	8	1
4	1	34	»	4	»	10	9
5	1	67	»	5	»	13	5
6	2	01	»	6	»	16	2
7	2	34	»	7	»	18	10
8	2	68	»	8	1	1	7
9	3	01	»	9	1	4	4
10	3	35	»	10	1	7	»
11	3	68	»	11	1	9	8
12	4	02	»	12	1	12	5
13	4	35	»	13	1	15	1
14	4	69	»	14	1	17	10
15	5	02	»	15	2	»	6
16	5	36	»	16	2	3	3
17	5	69	»	17	2	5	11
18	6	03	»	18	2	8	8
19	6	36	»	19	2	11	4
20	6	70	»	20	2	14	1
21	7	04	»	21	2	16	9
22	7	37	»	22	2	19	5
23	7	71	»	23	3	2	2
24	8	04	»	24	3	4	10
25	8	38	»	25	3	7	7
26	8	71	»	26	3	10	3
27	9	05	»	27	3	13	»
28	9	38	»	28	3	15	8
29	9	72	»	29	3	18	5
30	10	05	»	30	4	1	1
31	10	39	»	31	4	3	10
32	10	72	1	»	4	6	6
33	11	06	2	»	8	13	»
34	11	39	3	»	12	19	7
35	11	73	4	»	17	6	1
36	12	06	5	»	21	12	8
37	12	40	6	»	25	19	2
38	12	73	7	»	30	5	9
39	13	07	8	»	34	12	3
40	13	41	9	»	38	18	10
50	16	76	10	»	43	5	4
60	20	11	11	»	47	11	11
70	23	46	12	»	51	18	5
80	26	82	13	»	56	4	11
90	30	17	14	»	60	11	6
100	33	52	15	»	64	18	»
200	67	05	16	»	69	4	7
300	100	57	17	»	73	11	1
400	134	10	18	»	77	17	8
500	167	62	19	»	82	4	2
600	201	15	20	»	86	10	9
700	234	67	21	»	90	17	3
800	268	20	22	»	95	3	10
900	301	72	23	»	99	10	4
1000	335	25	24	»	103	16	11

ONCES							
NOUV. à 335 f. 50 c.			ANCIENNE à 103 liv. 18 s. 6 d.				
TITRES.	VALEURS.		TITRES.		VALEURS.		
Millièm.	Francs.	Cent.	Karats.	32emes	Livres.	Sols.	Den.
1	»	33	»	1	»	2	8
2	»	67	»	2	»	5	4
3	1	00	»	3	»	8	1
4	1	34	»	4	»	10	9
5	1	67	»	5	»	13	6
6	2	01	»	6	»	16	2
7	2	34	»	7	»	18	11
8	2	68	»	8	1	1	7
9	3	01	»	9	1	4	4
10	3	35	»	10	1	7	»
11	3	69	»	11	1	9	9
12	4	02	»	12	1	12	5
13	4	36	»	13	1	15	2
14	4	69	»	14	1	17	10
15	5	03	»	15	2	»	7
16	5	36	»	16	2	3	3
17	5	70	»	17	2	6	»
18	6	03	»	18	2	8	8
19	6	37	»	19	2	11	5
20	6	71	»	20	2	14	11
21	7	04	»	21	2	16	10
22	7	38	»	22	2	19	6
23	7	71	»	23	3	2	2
24	8	05	»	24	3	4	11
25	8	38	»	25	3	7	7
26	8	72	»	26	3	10	4
27	9	05	»	27	3	13	»
28	9	39	»	28	3	15	9
29	9	72	»	29	3	18	5
30	10	06	»	30	4	1	2
31	10	40	»	31	4	3	10
32	10	73	1	»	4	6	7
33	11	07	2	»	8	13	2
34	11	40	3	»	12	19	9
35	11	74	4	»	17	6	5
36	12	07	5	»	21	13	»
37	12	41	6	»	25	19	7
38	12	74	7	»	30	6	2
39	13	08	8	»	34	12	10
40	13	42	9	»	38	19	5
50	16	77	10	»	43	6	»
60	20	13	11	»	47	12	7
70	23	48	12	»	51	19	3
80	26	84	13	»	55	5	10
90	30	19	14	»	60	12	5
100	33	55	15	»	64	19	»
200	67	10	16	»	69	5	8
300	100	65	17	»	73	12	3
400	134	20	18	»	77	18	10
500	167	75	19	»	82	5	5
600	201	30	20	»	86	12	1
700	234	85	21	»	90	18	8
800	268	40	22	»	95	5	3
900	301	95	23	»	99	11	10
1000	335	50	24	»	103	18	6

ONCES							
NOUV. à 335 f. 75 c.			ANCIENNE à 104 liv. s. d.				
TITRES.	VALEURS.		TITRES.		VALEURS.		
Millièm.	Francs.	Cent.	Karats.	32emes	Livres.	Sols.	Den.
1	»	38	»	1	»	2	8
2	»	67	»	2	»	5	5
3	1	00	»	3	»	8	1
4	1	34	»	4	»	10	10
5	1	67	»	5	»	13	6
6	2	01	»	6	»	16	3
7	2	35	»	7	»	18	11
8	2	68	»	8	1	1	8
9	3	02	»	9	1	4	4
10	3	35	»	10	1	7	1
11	3	69	»	11	1	9	9
12	4	02	»	12	1	12	6
13	4	36	»	13	1	15	2
14	4	70	»	14	1	17	11
15	5	03	»	15	2	»	7
16	5	37	»	16	2	3	4
17	5	70	»	17	2	6	»
18	6	04	»	18	2	8	9
19	6	37	»	19	2	11	5
20	6	71	»	20	2	14	2
21	7	05	»	21	2	16	10
22	7	38	»	22	2	19	7
23	7	72	»	23	3	2	3
24	8	05	»	24	3	5	»
25	8	39	»	25	3	7	8
26	8	72	»	26	3	10	5
27	9	06	»	27	3	13	1
28	9	40	»	28	3	15	10
29	9	73	»	29	3	18	6
30	10	07	»	30	4	1	3
31	10	40	»	31	4	3	11
32	10	74	1	»	4	6	8
33	11	07	2	»	8	13	4
34	11	41	3	»	13	»	»
35	11	75	4	»	17	6	8
36	12	08	5	»	21	13	4
37	12	42	6	»	26	»	»
38	12	75	7	»	30	6	8
39	13	09	8	»	34	13	4
40	13	43	9	»	39	»	»
50	16	78	10	»	43	6	8
60	20	14	11	»	47	13	4
70	23	50	12	»	52	»	»
80	26	86	13	»	56	6	8
90	30	21	14	»	60	13	4
100	33	57	15	»	65	»	»
200	67	15	16	»	69	6	8
300	100	72	17	»	73	13	4
400	134	30	18	»	78	»	»
500	167	87	19	»	82	6	8
600	201	45	20	»	86	13	4
700	235	02	21	»	91	»	»
800	268	60	22	»	95	6	8
900	302	17	23	»	99	13	4
1000	335	75	24	»	104	»	»

ONCES							
NOUVELLE à 336 f.			ANCIENNE à 104 liv. 1 s. 7 d.				
TITRES.	VALEURS.		TITRES.		VALEURS.		
Millièm.	Francs.	Cent.	Karats.	32èmes	Livres.	Sols.	Den.
1	»	33	»	1	»	2	8
2	»	67	»	2	»	5	5
3	1	00	»	3	»	8	1
4	1	34	»	4	»	10	10
5	1	68	»	5	»	13	6
6	2	01	»	6	»	16	3
7	2	35	»	7	»	18	11
8	2	68	»	8	1	1	8
9	3	02	»	9	1	4	4
10	3	36	»	10	1	7	1
11	3	69	»	11	1	9	9
12	4	03	»	12	1	12	6
13	4	36	»	13	1	15	2
14	4	70	»	14	1	17	11
15	5	04	»	15	2	»	7
16	5	37	»	16	2	3	4
17	5	71	»	17	2	6	»
18	6	04	»	18	2	8	9
19	6	38	»	19	2	11	5
20	6	72	»	20	2	14	2
21	7	05	»	21	2	16	11
22	7	39	»	22	2	19	7
23	7	72	»	23	3	2	4
24	8	06	»	24	3	5	»
25	8	40	»	25	3	7	9
26	8	73	»	26	3	10	5
27	9	07	»	27	3	13	2
28	9	40	»	28	3	15	10
29	9	74	»	29	3	18	7
30	10	08	»	30	4	1	3
31	10	41	»	31	4	4	»
32	10	75	1	»	4	6	8
33	11	08	2	»	8	13	5
34	11	42	3	»	13	»	2
35	11	76	4	»	17	6	11
36	12	09	5	»	21	13	7
37	12	43	6	»	26	»	4
38	12	76	7	»	30	7	1
39	13	10	8	»	34	13	10
40	13	44	9	»	39	»	7
50	16	80	10	»	43	7	3
60	20	16	11	»	47	14	»
70	23	52	12	»	52	»	9
80	26	88	13	»	56	7	6
90	30	24	14	»	60	14	3
100	33	60	15	»	65	»	11
200	67	20	16	»	69	7	8
300	100	80	17	»	73	14	5
400	134	40	18	»	78	1	2
500	168	00	19	»	82	7	11
600	201	60	20	»	86	14	7
700	235	20	21	»	91	1	4
800	268	80	22	»	95	8	1
900	302	40	23	»	99	14	10
1000	336	00	24	»	104	1	7

ONCES							
NOUV. à 336 f. 25 c.			ANCIENNE à 104 liv. 3 s. 2 d.				
TITRES.	VALEURS.		TITRES.		VALEURS.		
Millièm.	Francs.	Cent.	Karats.	32èmes	Livres.	Sols.	Den.
1	»	33	»	1	»	2	8
2	»	67	»	2	»	5	5
3	1	00	»	3	»	8	1
4	1	34	»	4	»	10	10
5	1	68	»	5	»	13	6
6	2	01	»	6	»	16	3
7	2	35	»	7	»	18	11
8	2	69	»	8	1	1	8
9	3	02	»	9	1	4	4
10	3	36	»	10	1	7	1
11	3	69	»	11	1	9	10
12	4	03	»	12	1	12	6
13	4	37	»	13	1	15	3
14	4	70	»	14	1	17	11
15	5	04	»	15	2	»	8
16	5	38	»	16	2	3	4
17	5	71	»	17	2	6	1
18	6	05	»	18	2	8	9
19	6	38	»	19	2	11	6
20	6	72	»	20	2	14	2
21	7	06	»	21	2	16	11
22	7	39	»	22	2	19	8
23	7	73	»	23	3	2	4
24	8	07	»	24	3	5	1
25	8	40	»	25	3	7	9
26	8	74	»	26	3	10	6
27	9	07	»	27	3	13	2
28	9	41	»	28	3	15	11
29	9	75	»	29	3	18	7
30	10	08	»	30	4	1	4
31	10	42	»	31	4	4	»
32	10	76	1	»	4	6	9
33	11	09	2	»	8	13	7
34	11	43	3	»	13	»	4
35	11	76	4	»	17	7	2
36	12	10	5	»	21	13	11
37	12	44	6	»	26	»	9
38	12	77	7	»	30	7	7
39	13	11	8	»	34	14	4
40	13	45	9	»	39	1	2
50	16	81	10	»	43	7	11
60	20	17	11	»	47	14	9
70	23	53	12	»	52	1	7
80	26	90	13	»	56	8	4
90	30	26	14	»	60	15	2
100	33	62	15	»	65	1	11
200	67	25	16	»	69	8	9
300	100	87	17	»	73	15	6
400	134	50	18	»	78	2	4
500	168	12	19	»	82	9	2
600	201	75	20	»	86	15	11
700	235	37	21	»	91	2	9
800	269	00	22	»	95	9	6
900	302	62	23	»	99	16	4
1000	336	25	24	»	104	3	2

ONCES								ONCES							
NOUV. à 336 f. 50 c.			ANCIENNE à 104 liv. 4 s. 8 d.					NOUV. à 336 f. 75 c.			ANCIENNE à 104 liv. 6 s. 3 d.				
TITRES.	VALEURS.		TITRES.		VALEURS.			TITRES.	VALEURS.		TITRES.		VALEURS.		
Milliém.	Francs.	Cent.	Karats.	32emes	Livres.	Sols.	Den.	Milliém.	Francs.	Cent.	Karats.	32emes	Livres.	Sols.	Den.
1	»	33	»	1	»	2	8	1	»	33	»	1	»	2	8
2	»	67	»	2	»	5	5	2	»	67	»	2	»	5	5
3	1	00	»	3	»	8	1	3	1	01	»	3	»	8	1
4	1	34	»	4	»	10	10	4	1	34	»	4	»	10	10
5	1	68	»	5	»	13	6	5	1	68	»	5	»	13	6
6	2	01	»	6	»	16	3	6	2	02	»	6	»	16	3
7	2	35	»	7	»	19	»	7	2	35	»	7	»	19	»
8	2	69	»	8	1	1	8	8	2	69	»	8	1	1	8
9	3	02	»	9	1	4	5	9	3	03	»	9	1	4	5
10	3	36	»	10	1	7	1	10	3	36	»	10	1	7	1
11	3	70	»	11	1	9	10	11	3	70	»	11	1	9	10
12	4	03	»	12	1	12	6	12	4	04	»	12	1	12	7
13	4	37	»	13	1	15	3	13	4	37	»	13	1	15	3
14	4	71	»	14	1	18	»	14	4	71	»	14	1	18	»
15	5	04	»	15	2	»	8	15	5	05	»	15	2	»	8
16	5	38	»	16	2	3	5	16	5	38	»	16	2	3	5
17	5	72	»	17	2	6	1	17	5	72	»	17	2	6	2
18	6	05	»	18	2	8	10	18	6	06	»	18	2	8	10
19	6	39	»	19	2	11	6	19	6	39	»	19	2	11	7
20	6	73	»	20	2	14	3	20	6	73	»	20	2	14	3
21	7	06	»	21	2	17	»	21	7	07	»	21	2	17	»
22	7	40	»	22	2	19	8	22	7	40	»	22	2	19	9
23	7	73	»	23	3	2	5	23	7	74	»	23	3	2	5
24	8	07	»	24	3	5	1	24	8	08	»	24	3	5	2
25	8	41	»	25	3	7	10	25	8	41	»	25	3	7	10
26	8	74	»	26	3	10	6	26	8	75	»	26	3	10	7
27	9	08	»	27	3	13	3	27	9	09	»	27	3	13	4
28	9	42	»	28	3	16	»	28	9	42	»	28	3	16	»
29	9	75	»	29	3	18	8	29	9	76	»	29	3	18	9
30	10	09	»	30	4	1	5	30	10	10	»	30	4	1	5
31	10	43	»	31	4	4	1	31	10	43	»	31	4	4	2
32	10	76	1	»	4	6	10	32	10	77	1	»	4	6	11
33	11	10	2	»	8	13	8	33	11	11	2	»	8	13	10
34	11	44	3	»	13	»	7	34	11	44	3	»	13	»	9
35	11	77	4	»	17	7	5	35	11	78	4	»	17	7	8
36	12	11	5	»	21	14	3	36	12	12	5	»	21	14	7
37	12	45	6	»	26	1	2	37	12	45	6	»	26	1	6
38	12	78	7	»	30	8	»	38	12	79	7	»	30	8	5
39	13	12	8	»	34	14	10	39	13	13	8	»	34	15	5
40	13	46	9	»	39	1	9	40	13	47	9	»	39	2	4
50	16	82	10	»	43	8	7	50	16	83	10	»	43	9	3
60	20	19	11	»	47	15	5	60	20	20	11	»	47	16	2
70	23	55	12	»	52	2	4	70	23	57	12	»	52	3	1
80	26	92	13	»	56	9	2	80	26	94	13	»	56	10	»
90	30	28	14	»	60	16	»	90	30	30	14	»	60	16	11
100	33	65	15	»	65	2	11	100	33	67	15	»	65	3	10
200	67	30	16	»	69	9	9	200	67	35	16	»	69	10	10
300	100	95	17	»	73	16	7	300	101	02	17	»	73	17	9
400	134	60	18	»	78	3	6	400	134	70	18	»	78	4	8
500	168	25	19	»	82	10	4	500	168	37	19	»	82	11	7
600	201	90	20	»	86	17	2	600	202	05	20	»	86	18	6
700	235	55	21	»	91	4	1	700	235	72	21	»	91	5	5
800	269	20	22	»	95	10	11	800	269	40	22	»	95	12	4
900	302	85	23	»	99	17	9	900	303	07	23	»	99	19	3
1000	336	50	24	»	104	4	8	1000	336	75	24	»	104	6	3

ONCES							
NOUV. à 337 f.			ANCIENNE à 104 liv. 7 s. 9 d.				
TITRES.	VALEURS.		TITRES.		VALEURS.		
Milliêm.	Francs.	Cent.	Karats.	32emes	Livres.	Sols.	Den.
1	»	33	»	1	»	2	8
2	»	67	»	2	»	5	5
3	1	01	»	3	»	8	1
4	1	34	»	4	»	10	10
5	1	68	»	5	»	13	7
6	2	02	»	6	»	16	3
7	2	35	»	7	»	19	»
8	2	69	»	8	1	1	8
9	3	03	»	9	1	4	5
10	3	37	»	10	1	7	2
11	3	70	»	11	1	9	10
12	4	04	»	12	1	12	7
13	4	38	»	13	1	15	4
14	4	71	»	14	1	18	»
15	5	05	»	15	2	»	9
16	5	39	»	16	2	3	5
17	5	72	»	17	2	6	2
18	6	06	»	18	2	8	11
19	6	40	»	19	2	11	7
20	6	74	»	20	2	14	4
21	7	07	»	21	2	17	1
22	7	41	»	22	2	19	9
23	7	75	»	23	3	2	6
24	8	08	»	24	3	5	2
25	8	42	»	25	3	7	11
26	8	76	»	26	3	10	8
27	9	09	»	27	3	13	4
28	9	43	»	28	3	16	1
29	9	77	»	29	3	18	10
30	10	11	»	30	4	1	6
31	10	44	»	31	4	4	3
32	10	78	1	»	4	6	11
33	11	12	2	»	8	13	11
34	11	45	3	»	13	»	11
35	11	79	4	»	17	7	11
36	12	13	5	»	21	14	11
37	12	46	6	»	26	1	11
38	12	80	7	»	30	8	11
39	13	14	8	»	34	15	11
40	13	48	9	»	39	2	10
50	16	85	10	»	43	9	10
60	20	22	11	»	47	16	10
70	23	59	12	»	52	3	10
80	26	96	13	»	56	10	10
90	30	33	14	»	60	17	10
100	33	70	15	»	65	4	10
200	67	40	16	»	69	11	10
300	101	10	17	»	73	18	9
400	134	80	18	»	78	5	9
500	168	50	19	»	82	12	9
600	202	20	20	»	86	19	9
700	235	90	21	»	91	6	9
800	269	60	22	»	95	13	9
900	303	30	23	»	0	»	9
1000	337	00	24	»	104	7	9

ONCES							
NOUV. à 337 f. 25 c.			ANCIENNE à 104 liv. 9 s. 4 d.				
TITRES.	VALEURS.		TITRES.		VALEURS.		
Milliêm.	Francs.	Cent.	Karats.	32emes	Livres.	Sols.	Den.
1	»	33	»	1	»	2	8
2	»	67	»	2	»	5	5
3	1	01	»	3	»	8	1
4	1	34	»	4	»	10	10
5	1	68	»	5	»	13	7
6	2	02	»	6	»	16	3
7	2	36	»	7	»	19	»
8	2	69	»	8	1	1	9
9	3	03	»	9	1	4	5
10	3	37	»	10	1	7	2
11	3	70	»	11	1	9	11
12	4	04	»	12	1	12	7
13	4	38	»	13	1	15	4
14	4	72	»	14	1	18	1
15	5	05	»	15	2	»	9
16	5	39	»	16	2	3	6
17	5	73	»	17	2	6	2
18	6	07	»	18	2	8	11
19	6	40	»	19	2	11	8
20	6	74	»	20	2	14	4
21	7	08	»	21	2	17	1
22	7	41	»	22	2	19	10
23	7	75	»	23	3	2	6
24	8	09	»	24	3	5	3
25	8	43	»	25	3	8	»
26	8	76	»	26	3	10	8
27	9	10	»	27	3	13	5
28	9	44	»	28	3	16	2
29	9	78	»	29	3	18	10
30	10	11	»	30	4	1	7
31	10	45	»	31	4	4	4
32	10	79	1	»	4	7	»
33	11	12	2	»	8	14	1
34	11	46	3	»	13	1	2
35	11	80	4	»	17	8	2
36	12	14	5	»	21	15	3
37	12	47	6	»	26	2	4
38	12	81	7	»	30	9	4
39	13	15	8	»	34	16	5
40	13	49	9	»	39	3	6
50	16	86	10	»	43	10	6
60	20	23	11	»	47	17	7
70	23	60	12	»	52	4	8
80	26	98	13	»	56	11	8
90	30	35	14	»	60	18	9
100	37	72	15	»	65	5	10
200	67	45	16	»	69	12	10
300	101	17	17	»	73	19	11
400	134	90	18	»	78	7	»
500	168	62	19	»	82	14	»
600	202	35	20	»	87	1	1
700	236	07	21	»	91	8	2
800	269	80	22	»	95	15	2
900	303	52	23	»	100	2	3
1000	337	25	24	»	104	9	4

ONCES								ONCES							
NOUV. à 337 f. 50 c.			ANCIENNE à 104 liv. 10 s. 10 d.					NOUV. à 337 f. 75 c.			ANCIENNE à 104 liv. 12 s. 5 d.				
TITRES.	VALEURS.		TITRES.		VALEURS.			TITRES.	VALEURS.		TITRES.		VALEURS.		
Millièm.	Francs.	Cent.	Karats.	32èmes	Livres.	Sols.	Den.	Millièm.	Francs.	Cent.	Karats.	32èmes	Livres.	Sols.	Den.
1	»	33	»	1	»	2	8	1	»	33	»	1	»	2	8
2	»	67	»	2	»	5	5	2	»	67	»	2	»	5	5
3	1	01	»	3	»	8	2	3	1	01	»	3	»	8	2
4	1	35	»	4	»	10	10	4	1	35	»	4	»	10	10
5	1	68	»	5	»	13	7	5	1	68	»	5	»	13	7
6	2	02	»	6	»	16	4	6	2	02	»	6	»	16	4
7	2	36	»	7	»	19	»	7	2	36	»	7	»	19	»
8	2	70	»	8	1	1	9	8	2	70	»	8	1	1	9
9	3	03	»	9	1	4	6	9	3	03	»	9	1	4	6
10	3	37	»	10	1	7	2	10	3	37	»	10	1	7	2
11	3	71	»	11	1	9	11	11	3	71	»	11	1	9	11
12	4	05	»	12	1	12	8	12	4	05	»	12	1	12	8
13	4	38	»	13	1	15	4	13	4	39	»	13	1	15	5
14	4	72	»	14	1	18	1	14	4	72	»	14	1	18	1
15	5	06	»	15	2	»	10	15	5	06	»	15	2	»	10
16	5	40	»	16	2	3	6	16	5	40	»	16	2	3	7
17	5	73	»	17	2	6	3	17	5	74	»	17	2	6	3
18	6	07	»	18	2	9	»	18	6	07	»	18	2	9	»
19	6	41	»	19	2	11	8	19	6	41	»	19	2	11	9
20	6	75	»	20	2	14	5	20	6	75	»	20	2	14	5
21	7	08	»	21	2	17	2	21	7	09	»	21	2	17	2
22	7	42	»	22	2	19	10	22	7	43	»	22	2	19	11
23	7	76	»	23	3	2	7	23	7	76	»	23	3	2	7
24	8	10	»	24	3	5	4	24	8	10	»	24	3	5	4
25	8	43	»	25	3	8	»	25	8	44	»	25	3	8	1
26	8	77	»	26	3	10	9	26	8	78	»	26	3	10	10
27	9	11	»	27	3	13	6	27	9	11	»	27	3	13	6
28	9	45	»	28	3	16	2	28	9	45	»	28	3	16	3
29	9	78	»	29	3	18	11	29	9	79	»	29	3	19	»
30	10	12	»	30	4	1	8	30	10	13	»	30	4	1	8
31	10	46	»	31	4	4	4	31	10	47	»	31	4	4	5
32	10	80	1	»	4	7	1	32	10	80	1	»	4	7	2
33	11	13	2	»	8	14	2	33	11	14	2	»	8	14	4
34	11	47	3	»	13	1	4	34	11	48	3	»	13	1	6
35	11	81	4	»	17	8	5	35	11	82	4	»	17	8	8
36	12	15	5	»	21	15	7	36	12	15	5	»	21	15	11
37	12	48	6	»	26	2	8	37	12	49	6	»	26	3	1
38	12	82	7	»	30	9	9	38	12	83	7	»	30	10	3
39	13	16	8	»	34	16	11	39	13	17	8	»	34	17	5
40	13	50	9	»	39	4	»	40	13	51	9	»	39	4	7
50	16	87	10	»	43	11	2	50	16	88	10	»	43	11	10
60	20	25	11	»	47	18	3	60	20	26	11	»	47	19	»
70	23	62	12	»	52	5	5	70	23	64	12	»	52	6	2
80	27	00	13	»	56	12	6	80	27	02	13	»	56	13	4
90	30	37	14	»	60	19	7	90	30	39	14	»	61	»	6
100	33	75	15	»	65	6	9	100	33	77	15	»	65	7	9
200	67	50	16	»	69	13	10	200	67	55	16	»	69	14	11
300	101	25	17	»	74	1	»	300	101	32	17	»	74	2	1
400	135	00	18	»	78	8	1	400	135	10	18	»	78	9	3
500	168	75	19	»	82	15	2	500	168	87	19	»	82	16	5
600	202	50	20	»	87	2	4	600	202	65	20	»	87	3	8
700	236	25	21	»	91	9	5	700	236	42	21	»	91	10	10
800	270	00	22	»	95	16	7	800	270	20	22	»	95	18	»
900	303	75	23	»	100	3	8	900	303	97	23	»	100	5	2
1000	337	50	24	»	104	10	10	1000	337	75	24	»	104	12	5

ONCES

NOUVELLE à 338 f.			ANCIENNE à 104 liv. 14 s. d.				
TITRES.	VALEURS.		TITRES.		VALEURS.		
Millièm.	Francs.	Cent.	Karats.	32emes	Livres.	Sols.	Den.
1	»	33	»	1	»	2	8
2	»	67	»	2	»	5	5
3	1	01	»	3	»	8	2
4	1	35	»	4	»	10	10
5	1	69	»	5	»	13	7
6	2	02	»	6	»	16	4
7	2	36	»	7	»	19	1
8	2	70	»	8	1	1	9
9	3	04	»	9	1	4	6
10	3	38	»	10	1	7	3
11	3	71	»	11	1	9	11
12	4	05	»	12	1	12	8
13	4	39	»	13	1	15	5
14	4	73	»	14	1	18	2
15	5	07	»	15	2	»	10
16	5	40	»	16	2	3	7
17	5	74	»	17	2	6	4
18	6	08	»	18	2	9	»
19	6	42	»	19	2	11	9
20	6	76	»	20	2	14	6
21	7	09	»	21	2	17	3
22	7	43	»	22	2	19	11
23	7	77	»	23	3	2	8
24	8	11	»	24	3	5	5
25	8	45	»	25	3	8	1
26	8	78	»	26	3	10	10
27	9	12	»	27	3	13	7
28	9	46	»	28	3	16	4
29	9	80	»	29	3	19	»
30	10	14	»	30	4	1	9
31	10	47	»	31	4	4	6
32	10	81	1	»	4	7	3
33	11	15	2	»	8	14	6
34	11	49	3	»	13	1	9
35	11	83	4	»	17	9	»
36	12	16	5	»	21	16	3
37	12	50	6	»	26	3	6
38	12	84	7	»	30	10	9
39	13	18	8	»	34	18	»
40	13	52	9	»	39	5	3
50	16	90	10	»	43	12	6
60	20	28	11	»	47	19	9
70	23	66	12	»	52	7	»
80	27	04	13	»	56	14	3
90	30	42	14	»	61	1	6
100	33	80	15	»	65	8	9
200	67	60	16	»	69	16	»
300	101	40	17	»	74	3	3
400	135	20	18	»	78	10	6
500	169	00	19	»	82	17	9
600	202	80	20	»	87	5	»
700	236	60	21	»	91	12	3
800	270	40	22	»	95	19	6
900	304	20	23	»	100	6	9
1000	338	00	24	»	104	14	»

ONCES

NOUV. à 338 f. 25 c.			ANCIENNE à 104 liv. 15 s. 6 d.				
TITRES.	VALEURS.		TITRES.		VALEURS.		
Millièm.	Francs.	Cent.	Karats.	32emes	Livres.	Sols.	Den.
1	»	33	»	1	»	2	8
2	»	67	»	2	»	5	5
3	1	01	»	3	»	8	2
4	1	35	»	4	»	10	10
5	1	69	»	5	»	13	7
6	2	02	»	6	»	16	4
7	2	36	»	7	»	19	1
8	2	70	»	8	1	1	9
9	3	04	»	9	1	4	6
10	3	38	»	10	1	7	3
11	3	72	»	11	1	10	»
12	4	05	»	12	1	12	8
13	4	39	»	13	1	15	5
14	4	73	»	14	1	18	2
15	5	07	»	15	2	»	11
16	5	41	»	16	2	3	7
17	5	75	»	17	2	6	4
18	6	08	»	18	2	9	1
19	6	42	»	19	2	11	10
20	6	76	»	20	2	14	6
21	7	10	»	21	2	17	3
22	7	44	»	22	3	»	»
23	7	77	»	23	3	2	9
24	8	11	»	24	3	5	5
25	8	45	»	25	3	8	2
26	8	79	»	26	3	10	11
27	9	13	»	27	3	13	8
28	9	47	»	28	3	16	4
29	9	80	»	29	3	19	1
30	10	14	»	30	4	1	10
31	10	48	»	31	4	4	7
32	10	82	1	»	4	7	3
33	11	16	2	»	8	14	7
34	11	50	3	»	13	1	11
35	11	83	4	»	17	9	3
36	12	17	5	»	21	16	6
37	12	51	6	»	26	3	10
38	12	85	7	»	30	11	2
39	13	19	8	»	34	18	6
40	13	53	9	»	39	5	9
50	16	91	10	»	43	13	1
60	20	29	11	»	48	»	5
70	23	67	12	»	52	7	9
80	27	06	13	»	56	15	»
90	30	44	14	»	61	2	4
100	33	82	15	»	65	9	8
200	67	65	16	»	69	17	»
300	101	47	17	»	74	4	3
400	135	30	18	»	78	11	7
500	169	12	19	»	82	18	11
600	202	95	20	»	87	6	3
700	236	77	21	»	91	13	6
800	270	60	22	»	96	»	10
900	304	42	23	»	100	8	2
1000	338	25	24	»	104	15	6

ONCES								ONCES							
NOUV. à 338 f. 50 c.			ANCIENNE à 104 liv. 17 s. 1 d.					NOUV. à 338 f. 75 c.			ANCIENNE à 104 liv. 18 s. 7 d.				
TITRES.	VALEURS.		TITRES.		VALEURS.			TITRES.	VALEURS.		TITRES.		VALEURS.		
Millièm.	Francs.	Cent.	Karats.	32èmes	Livres.	Sols.	Den.	Millièm.	Francs.	Cent.	Karats.	32èmes	Livres.	Sols.	Den.
1	»	33	»	1	»	2	8	1	»	33	»	1	»	2	8
2	»	67	»	2	»	5	5	2	»	67	»	2	»	5	5
3	1	01	»	3	»	8	2	3	1	01	»	3	»	8	2
4	1	35	»	4	»	10	11	4	1	35	»	4	»	10	11
5	1	69	»	5	»	13	7	5	1	69	»	5	»	13	7
6	2	03	»	6	»	16	4	6	2	03	»	6	»	16	4
7	2	36	»	7	»	19	1	7	2	37	»	7	»	19	1
8	2	70	»	8	1	1	10	8	2	71	»	8	1	1	10
9	3	04	»	9	1	4	6	9	3	04	»	9	1	4	7
10	3	38	»	10	1	7	3	10	3	38	»	10	1	7	3
11	3	72	»	11	1	10	»	11	3	72	»	11	1	10	»
12	4	06	»	12	1	12	9	12	4	06	»	12	1	12	9
13	4	40	»	13	1	15	5	13	4	40	»	13	1	15	6
14	4	73	»	14	1	18	2	14	4	74	»	14	1	18	3
15	5	07	»	15	2	»	11	15	5	08	»	15	2	»	11
16	5	41	»	16	2	3	8	16	5	42	»	16	2	3	8
17	5	75	»	17	2	6	5	17	5	75	»	17	2	6	5
18	6	09	»	18	2	9	1	18	6	09	»	18	2	9	2
19	6	43	»	19	2	11	10	19	6	43	»	19	2	11	11
20	6	77	»	20	2	14	7	20	6	77	»	20	2	14	7
21	7	10	»	21	2	17	4	21	7	11	»	21	2	17	4
22	7	44	»	22	3	»	»	22	7	45	»	22	3	»	1
23	7	78	»	23	3	2	8	23	7	79	»	23	3	2	10
24	8	12	»	24	3	5	5	24	8	13	»	24	3	5	6
25	8	46	»	25	3	8	2	25	8	46	»	25	3	8	3
26	8	80	»	26	3	10	10	26	8	80	»	26	3	11	»
27	9	13	»	27	3	13	7	27	9	14	»	27	3	13	9
28	9	47	»	28	3	16	4	28	9	48	»	28	3	16	6
29	9	81	»	29	3	19	1	29	9	82	»	29	3	19	2
30	10	15	»	30	4	1	10	30	10	16	»	30	4	1	11
31	10	49	»	31	4	4	6	31	10	50	»	31	4	4	8
32	10	83	1	»	4	7	3	32	10	84	1	»	4	7	5
33	11	17	2	»	8	14	9	33	11	17	2	»	8	14	10
34	11	50	3	»	13	2	1	34	11	51	3	»	13	2	3
35	11	84	4	»	17	9	6	35	11	85	4	»	17	9	9
36	12	18	5	»	21	16	10	36	12	19	5	»	21	17	2
37	12	52	6	»	26	4	3	37	12	53	6	»	26	4	7
38	12	86	7	»	30	11	7	38	12	87	7	»	30	12	1
39	13	20	8	»	34	19	»	39	13	21	8	»	34	19	6
40	13	54	9	»	39	6	4	40	13	55	9	»	39	6	11
50	16	92	10	»	43	13	9	50	16	93	10	»	43	14	4
60	20	31	11	»	48	1	1	60	20	32	11	»	48	1	10
70	23	69	12	»	52	8	6	70	23	71	12	»	52	9	3
80	27	08	13	»	56	15	11	80	27	10	13	»	56	16	8
90	30	46	14	»	61	3	3	90	30	48	14	»	61	4	2
100	33	85	15	»	65	10	8	100	33	87	15	»	65	11	7
200	67	70	16	»	69	18	»	200	67	75	16	»	69	19	»
300	101	55	17	»	74	5	5	300	101	62	17	»	74	6	5
400	135	40	18	»	78	12	9	400	135	50	18	»	78	13	11
500	169	25	19	»	83	»	2	500	169	37	19	»	83	1	4
600	203	10	20	»	87	7	6	600	203	25	20	»	87	8	9
700	236	95	21	»	91	14	11	700	237	12	21	»	91	16	3
800	270	80	22	»	96	2	3	800	271	00	22	»	96	3	8
900	304	65	23	»	100	9	8	900	304	87	23	»	100	11	1
1000	338	50	24	»	104	17	1	1000	338	75	24	»	104	18	7

ONCES							
NOUV. à 339 f.			ANCIENNE à 105 liv. s. 2 d.				
TITRES.	VALEURS.		TITRES.		VALEURS.		
Millièm.	Francs.	Cent.	Karats.	32emes	Livres.	Sols.	Den.
1	»	33	»	1	»	2	8
2	»	67	»	2	»	5	5
3	1	01	»	3	»	8	2
4	1	35	»	4	»	10	11
5	1	69	»	5	»	13	8
6	2	03	»	6	»	16	4
7	2	37	»	7	»	19	1
8	2	71	»	8	1	1	10
9	3	05	»	9	1	4	7
10	3	39	»	10	1	7	4
11	3	72	»	11	1	10	»
12	4	06	»	12	1	12	9
13	4	40	»	13	1	15	6
14	4	74	»	14	1	18	3
15	5	08	»	15	2	1	»
16	5	42	»	16	2	3	9
17	5	76	»	17	2	6	5
18	6	10	»	18	2	9	2
19	6	44	»	19	2	11	11
20	6	78	»	20	2	14	8
21	7	11	»	21	2	17	5
22	7	45	»	22	3	»	1
23	7	79	»	23	3	2	10
24	8	13	»	24	3	5	7
25	8	47	»	25	3	8	4
26	8	81	»	26	3	11	1
27	9	15	»	27	3	13	10
28	9	49	»	28	3	16	6
29	9	83	»	29	3	19	3
30	10	17	»	30	4	2	»
31	10	50	»	31	4	4	9
32	10	84	1	»	4	7	6
33	11	18	2	»	8	15	»
34	11	52	3	»	13	2	6
35	11	86	4	»	17	10	»
36	12	20	5	»	21	17	6
37	12	54	6	»	26	5	»
38	12	88	7	»	30	12	6
39	13	22	8	»	35	»	»
40	13	56	9	»	39	7	6
50	16	95	10	»	43	15	»
60	20	34	11	»	48	2	6
70	23	73	12	»	52	10	1
80	27	12	13	»	56	17	7
90	30	51	14	»	61	5	1
100	33	90	15	»	65	12	7
200	67	80	16	»	70	»	1
300	101	70	17	»	74	7	7
400	135	60	18	»	78	15	1
500	169	50	19	»	83	2	7
600	203	40	20	»	87	10	1
700	237	30	21	»	91	17	7
800	271	20	22	»	96	5	1
900	305	10	23	»	100	12	7
1000	339	00	24	»	105	»	2

ONCES							
NOUV. à 339 f. 25 c.			ANCIENNE à 105 liv. 1 s. 9 d.				
TITRES.	VALEURS.		TITRES.		VALEURS.		
Millièm.	Francs.	Cent.	Karats.	32emes	Livres.	Sols.	Den.
1	»	33	»	1	»	2	8
2	»	67	»	2	»	5	5
3	1	01	»	3	»	8	2
4	1	35	»	4	»	10	11
5	1	69	»	5	»	13	8
6	2	03	»	6	»	16	5
7	2	37	»	7	»	19	1
8	2	71	»	8	1	1	10
9	3	05	»	9	1	4	7
10	3	39	»	10	1	7	4
11	3	73	»	11	1	10	1
12	4	07	»	12	1	12	10
13	4	41	»	13	1	15	6
14	4	74	»	14	1	18	3
15	5	08	»	15	2	1	»
16	5	42	»	16	2	3	9
17	5	76	»	17	2	6	6
18	6	10	»	18	2	9	3
19	6	44	»	19	2	11	11
20	6	78	»	20	2	14	8
21	7	12	»	21	2	17	5
22	7	46	»	22	3	»	2
23	7	80	»	23	3	2	11
24	8	14	»	24	3	5	8
25	8	48	»	25	3	8	4
26	8	82	»	26	3	11	1
27	9	15	»	27	3	13	10
28	9	49	»	28	3	16	7
29	9	83	»	29	3	19	4
30	10	17	»	30	4	2	1
31	10	51	»	31	4	4	10
32	10	85	1	»	4	7	6
33	11	19	2	»	8	15	1
34	11	53	3	»	13	2	8
35	11	87	4	»	17	10	3
36	12	21	5	»	21	17	10
37	12	55	6	»	26	5	5
38	12	89	7	»	30	13	»
39	13	23	8	»	35	»	7
40	13	57	9	»	39	8	1
50	16	96	10	»	43	15	8
60	20	35	11	»	48	3	3
70	23	74	12	»	52	10	10
80	27	14	13	»	56	18	5
90	30	53	14	»	61	6	»
100	33	92	15	»	65	13	7
200	67	85	16	»	70	1	2
300	101	77	17	»	74	8	8
400	135	70	18	»	78	16	3
500	169	62	19	»	83	3	10
600	203	55	20	»	87	11	5
700	237	47	21	»	91	19	»
800	271	40	22	»	96	6	7
900	305	32	23	»	100	14	2
1000	339	25	24	»	105	1	9

ONCES								ONCES							
NOUV. à 339 f. 50 c.			ANCIENNE à 105 liv. 3 s. 3 d.					NOUV. à 339 f. 75 c.			ANCIENNE à 105 liv. 4 s. 10 d.				
TITRES.	VALEURS.		TITRES.		VALEURS.			TITRES.	VALEURS.		TITRES.		VALEURS.		
Millièm.	Francs.	Cent.	Karats.	32èmes	Livres.	Sols.	Den.	Millièm.	Francs.	Cent.	Karats.	32èmes	Livres.	Sols.	Den.
1	»	33	»	1	»	2	8	1	»	33	»	1	»	2	8
2	»	67	»	2	»	5	5	2	»	67	»	2	»	5	5
3	1	01	»	3	»	8	2	3	1	01	»	3	»	8	2
4	1	35	»	4	»	10	11	4	1	35	»	4	»	10	11
5	1	69	»	5	»	13	8	5	1	69	»	5	»	13	8
6	2	03	»	6	»	16	5	6	2	03	»	6	»	16	5
7	2	37	»	7	»	19	2	7	2	37	»	7	»	19	2
8	2	71	»	8	1	1	10	8	2	71	»	8	1	1	11
9	3	05	»	9	1	4	7	9	3	05	»	9	1	4	7
10	3	39	»	10	1	7	4	10	3	39	»	10	1	7	4
11	3	73	»	11	1	10	1	11	3	73	»	11	1	10	1
12	4	07	»	12	1	12	10	12	4	07	»	12	1	12	10
13	4	41	»	13	1	15	7	13	4	41	»	13	1	15	7
14	4	75	»	14	1	18	4	14	4	75	»	14	1	18	4
15	5	09	»	15	2	1	»	15	5	09	»	15	2	1	1
16	5	43	»	16	2	3	9	16	5	43	»	16	2	3	10
17	5	77	»	17	2	6	6	17	5	77	»	17	2	6	7
18	6	11	»	18	2	9	3	18	6	11	»	18	2	9	3
19	6	45	»	19	2	12	»	19	6	45	»	19	2	12	»
20	6	79	»	20	2	14	9	20	6	79	»	20	2	14	9
21	7	12	»	21	2	17	6	21	7	13	»	21	2	17	6
22	7	46	»	22	3	»	2	22	7	47	»	22	3	»	3
23	7	80	»	23	3	2	11	23	7	81	»	23	3	3	»
24	8	14	»	24	3	5	8	24	8	15	»	24	3	5	9
25	8	48	»	25	3	8	5	25	8	49	»	25	3	8	6
26	8	82	»	26	3	11	2	26	8	83	»	26	3	11	3
27	9	16	»	27	3	13	11	27	9	17	»	27	3	13	11
28	9	50	»	28	3	16	8	28	9	51	»	28	3	16	8
29	9	84	»	29	3	19	5	29	9	85	»	29	3	19	5
30	10	18	»	30	4	2	1	30	10	19	»	30	4	2	2
31	10	52	»	31	4	4	10	31	10	53	»	31	4	4	11
32	10	86	1	»	4	7	7	32	10	87	1	»	4	7	8
33	11	20	2	»	8	15	3	33	11	21	2	»	8	15	4
34	11	54	3	»	13	2	10	34	11	55	3	»	13	3	1
35	11	88	4	»	17	10	6	35	11	89	4	»	17	10	9
36	12	22	5	»	21	18	2	36	12	23	5	»	21	18	6
37	12	56	6	»	26	5	9	37	12	57	6	»	26	6	2
38	12	90	7	»	30	13	5	38	12	91	7	»	30	13	10
39	13	24	8	»	35	1	1	39	13	25	8	»	35	1	7
40	13	58	9	»	39	8	8	40	13	59	9	»	39	9	3
50	16	97	10	»	43	16	4	50	16	98	10	»	43	17	»
60	20	37	11	»	48	3	11	60	20	38	11	»	48	4	8
70	23	76	12	»	52	11	7	70	23	78	12	»	52	12	5
80	27	16	13	»	56	19	3	80	27	18	13	»	57	»	1
90	30	55	14	»	61	6	10	90	30	57	14	»	61	7	9
100	33	95	15	»	65	14	6	100	33	97	15	»	65	15	6
200	67	90	16	»	70	2	2	200	67	95	16	»	70	3	2
300	101	85	17	»	74	9	9	300	101	92	17	»	74	10	11
400	135	80	18	»	78	17	5	400	135	90	18	»	78	18	7
500	169	75	19	»	83	5	»	500	169	87	19	»	83	6	3
600	203	70	20	»	87	12	8	600	203	85	20	»	87	14	»
700	237	65	21	»	92	»	4	700	237	82	21	»	92	1	8
800	271	60	22	»	96	7	11	800	271	80	22	»	96	9	5
900	305	55	23	»	100	15	7	900	305	77	23	»	100	17	1
1000	339	50	24	»	105	3	3	1000	339	75	24	»	105	4	10

ONCES								ONCES							
NOUVELLE à 340 f.			ANCIENNE à 105 liv. 6 s. 4 d.					NOUV. à 340 f. 25 c.			ANCIENNE à 105 liv. 7 s. 11 d.				
TITRES.	VALEURS.		TITRES.		VALEURS.			TITRES.	VALEURS.		TITRES.		VALEURS.		
Millièm.	Francs.	Cent.	Karats.	32emes	Livres.	Sols.	Den.	Millièm.	Francs.	Cent.	Karats.	32emes	Livres.	Sols.	Den.
1	»	34	»	1	»	2	8	1	»	34	»	1	»	2	8
2	»	68	»	2	»	5	5	2	»	68	»	2	»	5	5
3	1	02	»	3	»	8	2	3	1	02	»	3	»	8	2
4	1	36	»	4	»	10	11	4	1	36	»	4	»	10	11
5	1	70	»	5	»	13	8	5	1	70	»	5	»	13	8
6	2	04	»	6	»	16	5	6	2	04	»	6	»	16	5
7	2	38	»	7	»	19	2	7	2	38	»	7	»	19	2
8	2	72	»	8	1	1	11	8	2	72	»	8	1	1	11
9	3	06	»	9	1	4	8	9	3	06	»	9	1	4	8
10	3	40	»	10	1	7	5	10	3	40	»	10	1	7	5
11	3	74	»	11	1	10	2	11	3	74	»	11	1	10	2
12	4	08	»	12	1	12	10	12	4	08	»	12	1	12	11
13	4	42	»	13	1	15	7	13	4	42	»	13	1	15	8
14	4	76	»	14	1	18	4	14	4	76	»	14	1	18	5
15	5	10	»	15	2	1	1	15	5	10	»	15	2	1	2
16	5	44	»	16	2	3	10	16	5	44	»	16	2	3	10
17	5	78	»	17	2	6	7	17	5	78	»	17	2	6	7
18	6	12	»	18	2	9	4	18	6	12	»	18	2	9	4
19	6	46	»	19	2	12	1	19	6	46	»	19	2	12	1
20	6	80	»	20	2	14	10	20	6	80	»	20	2	14	10
21	7	14	»	21	2	17	7	21	7	14	»	21	2	17	7
22	7	48	»	22	3	»	4	22	7	48	»	22	3	»	4
23	7	82	»	23	3	3	»	23	7	82	»	23	3	3	1
24	8	16	»	24	3	5	9	24	8	16	»	24	3	5	10
25	8	50	»	25	3	8	6	25	8	50	»	25	3	8	7
26	8	84	»	26	3	11	3	26	8	84	»	26	3	11	4
27	9	18	»	27	3	14	»	27	9	18	»	27	3	14	1
28	9	52	»	28	3	16	9	28	9	52	»	28	3	16	10
29	9	86	»	29	3	19	6	29	9	86	»	29	3	19	7
30	10	20	»	30	4	2	3	30	10	20	»	30	4	2	4
31	10	54	»	31	4	5	»	31	10	54	»	31	4	5	1
32	10	88	1	»	4	7	9	32	10	88	1	»	4	7	9
33	11	22	2	»	8	15	6	33	11	22	2	»	8	15	7
34	11	56	3	»	13	3	3	34	11	56	3	»	13	3	5
35	11	90	4	»	17	11	»	35	11	90	4	»	17	11	3
36	12	24	5	»	21	18	9	36	12	24	5	»	21	19	1
37	12	58	6	»	26	6	7	37	12	58	6	»	26	6	11
38	12	92	7	»	30	14	4	38	12	92	7	»	30	14	9
39	13	26	8	»	35	2	1	39	13	26	8	»	35	2	7
40	13	60	9	»	39	9	10	40	13	61	9	»	39	10	5
50	17	00	10	»	43	17	7	50	17	01	10	»	43	18	3
60	20	40	11	»	48	5	4	60	20	41	11	»	48	6	1
70	23	80	12	»	52	13	2	70	23	81	12	»	52	13	11
80	27	20	13	»	57	»	11	80	27	22	13	»	57	1	9
90	30	60	14	»	61	8	8	90	30	62	14	»	61	9	7
100	34	00	15	»	65	16	5	100	34	02	15	»	65	17	5
200	68	00	16	»	70	4	2	200	68	05	16	»	70	5	3
300	102	00	17	»	74	11	11	300	102	07	17	»	74	13	1
400	136	00	18	»	78	19	9	400	136	10	18	»	79	»	11
500	170	00	19	»	83	7	6	500	170	12	19	»	83	8	9
600	204	00	20	»	87	15	3	600	204	15	20	»	87	16	7
700	238	00	21	»	92	3	»	700	238	17	21	»	92	4	5
800	272	00	22	»	96	10	9	800	272	20	22	»	96	12	3
900	306	00	23	»	100	18	6	900	306	22	23	»	101	»	1
1000	340	00	24	»	105	6	4	1000	340	25	24	»	105	7	11

ONCES								ONCES							
NOUV. à 340 f. 50 c.			ANCIENNE à 105 liv. 9 s. 5 d.					NOUV. à 340 f. 75 c.			ANCIENNE à 105 liv. 11 s. d.				
TITRES.	VALEURS.		TITRES.		VALEURS.			TITRES.	VALEURS.		TITRES.		VALEURS.		
Millièm.	Francs.	Cent.	Karats.	32emes	Livres.	Sols.	Den.	Millièm.	Francs.	Cent.	Karats.	32emes	Livres.	Sols.	Den.
1	»	34	»	1	»	2	8	1	»	34	»	1	»	2	8
2	»	68	»	2	»	5	5	2	»	68	»	2	»	5	5
3	1	02	»	3	»	8	2	3	1	02	»	3	»	8	2
4	1	36	»	4	»	10	11	4	1	36	»	4	»	10	11
5	1	70	»	5	»	13	8	5	1	70	»	5	»	13	8
6	2	04	»	6	»	16	5	6	2	04	»	6	»	16	5
7	2	38	»	7	»	19	2	7	2	38	»	7	»	19	2
8	2	72	»	8	1	1	11	8	2	72	»	8	1	1	11
9	3	06	»	9	1	4	8	9	3	06	»	9	1	4	8
10	3	40	»	10	1	7	5	10	3	40	»	10	1	7	5
11	3	74	»	11	1	10	2	11	3	74	»	11	1	10	2
12	4	08	»	12	1	12	11	12	4	08	»	12	1	12	11
13	4	42	»	13	1	15	8	13	4	42	»	13	1	15	8
14	4	76	»	14	1	18	5	14	4	77	»	14	1	18	5
15	5	10	»	15	2	1	2	15	5	11	»	15	2	1	2
16	5	44	»	16	2	3	11	16	5	45	»	16	2	3	11
17	5	78	»	17	2	6	8	17	5	79	»	17	2	6	8
18	6	12	»	18	2	9	5	18	6	13	»	18	2	9	5
19	6	46	»	19	2	12	2	19	6	47	»	19	2	12	2
20	6	81	»	20	2	14	11	20	6	81	»	20	2	14	11
21	7	15	»	21	2	17	8	21	7	15	»	21	2	17	8
22	7	49	»	22	3	»	5	22	7	49	»	22	3	»	5
23	7	83	»	23	3	3	2	23	7	83	»	23	3	3	2
24	8	17	»	24	3	5	11	24	8	17	»	24	3	5	11
25	8	51	»	25	3	8	7	25	8	51	»	25	3	8	8
26	8	85	»	26	3	11	4	26	8	85	»	26	3	11	5
27	9	19	»	27	3	14	1	27	9	20	»	27	3	14	2
28	9	53	»	28	3	16	10	28	9	54	»	28	3	16	11
29	9	87	»	29	3	19	7	29	9	88	»	29	3	19	8
30	10	21	»	30	4	2	4	30	10	22	»	30	4	2	5
31	10	55	»	31	4	5	1	31	10	56	»	31	4	5	2
32	10	89	1	»	4	7	10	32	10	90	1	»	4	7	11
33	11	23	2	»	8	15	9	33	11	24	2	»	8	15	11
34	11	57	3	»	13	3	8	34	11	58	3	»	13	3	10
35	11	91	4	»	17	11	6	35	11	92	4	»	17	11	10
36	12	25	5	»	21	19	5	36	12	26	5	»	21	19	9
37	12	59	6	»	26	7	4	37	12	60	6	»	26	7	9
38	12	93	7	»	30	15	2	38	12	94	7	»	30	15	8
39	13	27	8	»	35	3	1	39	13	28	8	»	35	3	8
40	13	62	9	»	39	11	»	40	13	63	9	»	39	11	7
50	17	02	10	»	43	18	11	50	17	03	10	»	43	19	7
60	20	43	11	»	48	6	9	60	20	44	11	»	48	7	6
70	23	83	12	»	52	14	8	70	23	85	12	»	52	15	6
80	27	24	13	»	57	2	7	80	27	26	13	»	57	3	5
90	30	64	14	»	61	10	5	90	30	66	14	»	61	11	5
100	34	05	15	»	65	18	4	100	34	07	15	»	65	19	4
200	68	10	16	»	70	6	3	200	68	15	16	»	70	7	4
300	102	15	17	»	74	14	2	300	102	22	17	»	74	15	3
400	136	20	18	»	79	2	»	400	136	30	18	»	79	3	3
500	170	25	19	»	83	9	11	500	170	37	19	»	83	11	2
600	204	30	20	»	87	17	10	600	204	45	20	»	87	19	2
700	238	35	21	»	92	5	8	700	238	52	21	»	92	7	1
800	272	40	22	»	96	13	7	800	272	60	22	»	96	15	1
900	306	45	23	»	101	1	6	900	306	67	23	»	101	3	»
1000	340	50	24	»	105	9	5	1000	340	75	24	»	105	11	»

ONCES							
NOUV. à 341 f.			ANCIENNE à 105 liv. 12 s. 7 d.				
TITRES.	VALEURS.		TITRES.		VALEURS.		
Millièm.	Francs.	Cent.	Karats.	32emes	Livres.	Sols.	Den.
1	»	34	»	1	»	2	9
2	»	68	»	2	»	5	6
3	1	02	»	3	»	8	3
4	1	36	»	4	»	11	»
5	1	70	»	5	»	13	9
6	2	04	»	6	»	16	6
7	2	38	»	7	»	19	3
8	2	72	»	8	1	2	»
9	3	06	»	9	1	4	9
10	3	41	»	10	1	7	6
11	3	75	»	11	1	10	3
12	4	09	»	12	1	13	»
13	4	43	»	13	1	15	9
14	4	77	»	14	1	18	6
15	5	11	»	15	2	1	3
16	5	45	»	16	2	4	»
17	5	79	»	17	2	6	9
18	6	13	»	18	2	9	6
19	6	47	»	19	2	12	3
20	6	82	»	20	2	15	»
21	7	16	»	21	2	17	9
22	7	50	»	22	3	»	6
23	7	84	»	23	3	3	3
24	8	18	»	24	3	6	»
25	8	52	»	25	3	8	9
26	8	86	»	26	3	11	6
27	9	20	»	27	3	14	3
28	9	54	»	28	3	17	»
29	9	88	»	29	3	19	9
30	10	23	»	30	4	2	6
31	10	57	»	31	4	5	3
32	10	91	1	»	4	8	»
33	11	25	2	»	8	16	»
34	11	59	3	»	13	4	»
35	11	93	4	»	17	12	1
36	12	27	5	»	22	»	1
37	12	61	6	»	26	8	1
38	12	95	7	»	30	16	2
39	13	29	8	»	35	4	2
40	13	64	9	»	39	12	2
50	17	05	10	»	44	»	2
60	20	46	11	»	48	8	3
70	23	87	12	»	52	16	3
80	27	28	13	»	57	4	3
90	30	69	14	»	61	12	4
100	34	10	15	»	66	»	4
200	68	20	16	»	70	8	4
300	102	30	17	»	74	16	4
400	136	40	18	»	79	4	5
500	170	50	19	»	83	12	5
600	204	60	20	»	88	»	5
700	238	70	21	»	92	8	6
800	272	80	22	»	96	16	6
900	306	90	23	»	101	4	6
1000	341	00	24	»	105	12	7

ONCES							
NOUV. à 341 f. 25 c.			ANCIENNE à 105 liv. 14 s. 1 d.				
TITRES.	VALEURS.		TITRES.		VALEURS.		
Millièm.	Francs.	Cent.	Karats.	32emes	Livres.	Sols.	Den.
1	»	34	»	1	»	2	9
2	»	68	»	2	»	5	6
3	1	02	»	3	»	8	3
4	1	36	»	4	»	11	»
5	1	70	»	5	»	13	9
6	2	04	»	6	»	16	6
7	2	38	»	7	»	19	3
8	2	73	»	8	1	2	»
9	3	07	»	9	1	4	9
10	3	41	»	10	1	7	6
11	3	75	»	11	1	10	3
12	4	09	»	12	1	13	»
13	4	43	»	13	1	15	9
14	4	77	»	14	1	18	6
15	5	11	»	15	2	1	3
16	5	46	»	16	2	4	»
17	5	80	»	17	2	6	9
18	6	14	»	18	2	9	6
19	6	48	»	19	2	12	3
20	6	82	»	20	2	15	»
21	7	16	»	21	2	17	9
22	7	50	»	22	3	»	6
23	7	84	»	23	3	3	3
24	8	19	»	24	3	6	»
25	8	53	»	25	3	8	9
26	8	87	»	26	3	11	6
27	9	21	»	27	3	14	3
28	9	55	»	28	3	17	»
29	9	89	»	29	3	19	9
30	10	23	»	30	4	2	6
31	10	57	»	31	4	5	4
32	10	92	1	»	4	8	1
33	11	26	2	»	8	16	2
34	11	60	3	»	13	4	3
35	11	94	4	»	17	12	4
36	12	28	5	»	22	»	5
37	12	62	6	»	26	8	6
38	12	96	7	»	30	16	7
39	13	30	8	»	35	4	8
40	13	65	9	»	39	12	9
50	17	06	10	»	44	»	10
60	20	47	11	»	48	8	11
70	23	88	12	»	52	17	»
80	27	30	13	»	57	5	1
90	30	71	14	»	61	13	2
100	34	12	15	»	66	1	3
200	68	25	16	»	70	9	4
300	102	37	17	»	74	17	5
400	136	50	18	»	79	5	6
500	170	62	19	»	83	13	7
600	204	75	20	»	88	1	8
700	238	87	21	»	92	9	9
800	273	00	22	»	96	17	10
900	307	12	23	»	101	5	11
1000	341	25	24	»	105	14	1

ONCES								ONCES							
NOUV. à 341 f. 50 c.			ANCIENNE à 105 liv. 15 s. 8 d.					NOUV. à 341 f. 75 c.			ANCIENNE à 105 liv. 17 s. 2 d.				
TITRES.	VALEURS.		TITRES.		VALEURS.			TITRES.	VALEURS.		TITRES.		VALEURS.		
Milliém.	Francs.	Cent.	Karats.	32emes	Livres.	Sols.	Den.	Milliém.	Francs.	Cent.	Karats.	32emes	Livres.	Sols.	Den.
1	»	34	»	1	»	2	9	1	»	34	»	1	»	2	9
2	»	68	»	2	»	5	6	2	»	68	»	2	»	5	6
3	1	02	»	3	»	8	3	3	1	02	»	3	»	8	3
4	1	36	»	4	»	11	»	4	1	36	»	4	»	11	»
5	1	70	»	5	»	13	9	5	1	70	»	5	»	13	9
6	2	04	»	6	»	16	6	6	2	05	»	6	»	16	6
7	2	39	»	7	»	19	3	7	2	39	»	7	»	19	3
8	2	73	»	8	1	2	»	8	2	73	»	8	1	2	»
9	3	07	»	9	1	4	9	9	3	07	»	9	1	4	9
10	3	41	»	10	1	7	6	10	3	41	»	10	1	7	6
11	3	75	»	11	1	10	3	11	3	75	»	11	1	10	3
12	4	09	»	12	1	13	»	12	4	10	»	12	1	13	»
13	4	43	»	13	1	15	9	13	4	44	»	13	1	15	10
14	4	78	»	14	1	18	6	14	4	78	»	14	1	18	7
15	5	12	»	15	2	1	3	15	5	12	»	15	2	1	4
16	5	46	»	16	2	4	»	16	5	46	»	16	2	4	1
17	5	80	»	17	2	6	9	17	5	80	»	17	2	6	10
18	6	14	»	18	2	9	7	18	6	15	»	18	2	9	7
19	6	48	»	19	2	12	4	19	6	49	»	19	2	12	4
20	6	83	»	20	2	15	1	20	6	83	»	20	2	15	1
21	7	17	»	21	2	17	10	21	7	17	»	21	2	17	10
22	7	51	»	22	3	»	7	22	7	51	»	22	3	»	7
23	7	85	»	23	3	3	4	23	7	86	»	23	3	3	4
24	8	19	»	24	3	6	1	24	8	20	»	24	3	6	1
25	8	53	»	25	3	8	10	25	8	54	»	25	3	8	10
26	8	87	»	26	3	11	7	26	8	88	»	26	3	11	8
27	9	22	»	27	3	14	4	27	9	22	»	27	3	14	5
28	9	56	»	28	3	17	1	28	9	56	»	28	3	17	2
29	9	90	»	29	3	19	10	29	9	91	»	29	3	19	11
30	10	24	»	30	4	2	7	30	10	25	»	30	4	2	8
31	10	58	»	31	4	5	4	31	10	59	»	31	4	5	5
32	10	92	1	»	4	8	1	32	10	93	1	»	4	8	2
33	11	27	2	»	8	16	3	33	11	27	2	»	8	16	5
34	11	61	3	»	13	4	5	34	11	61	3	»	13	4	7
35	11	95	4	»	17	12	7	35	11	96	4	»	17	12	10
36	12	29	5	»	22	»	9	36	12	30	5	»	22	1	»
37	12	63	6	»	26	8	11	37	12	64	6	»	26	9	3
38	12	97	7	»	30	17	»	38	12	98	7	»	30	17	6
39	13	31	8	»	35	5	2	39	13	32	8	»	35	5	8
40	13	66	9	»	39	13	4	40	13	67	9	»	39	13	11
50	17	07	10	»	44	1	6	50	17	08	10	»	44	2	1
60	20	49	11	»	48	9	8	60	20	50	11	»	48	10	4
70	23	90	12	»	52	17	10	70	23	92	12	»	52	18	7
80	27	32	13	»	57	5	11	80	27	34	13	»	57	6	9
90	30	73	14	»	61	14	1	90	30	75	14	»	61	15	»
100	34	15	15	»	66	2	3	100	34	17	15	»	66	3	2
200	68	30	16	»	70	10	5	200	68	35	16	»	70	11	5
300	102	45	17	»	74	18	7	300	102	52	17	»	74	19	7
400	136	60	18	»	79	6	9	400	136	70	18	»	79	7	10
500	170	75	19	»	83	14	10	500	170	87	19	»	83	16	1
600	204	90	20	»	88	3	»	600	205	05	20	»	88	4	3
700	239	05	21	»	92	11	2	700	239	22	21	»	92	12	6
800	273	20	22	»	96	19	4	800	273	40	22	»	97	»	8
900	307	35	23	»	101	7	6	900	307	57	23	»	101	8	11
1000	341	50	24	»	105	15	8	1000	341	75	24	»	105	17	2

ONCES

NOUVELLE à 342 f.			ANCIENNE à 105 liv. 18 s. 9 d.				
TITRES.	VALEURS.		TITRES.		VALEURS.		
Millièm.	Francs.	Cent.	Karats.	32emes	Livres.	Sols.	Den.
1	»	34	»	1	»	2	9
2	»	68	»	2	»	5	6
3	1	02	»	3	»	8	3
4	1	36	»	4	»	11	»
5	1	71	»	5	»	13	9
6	2	05	»	6	»	16	6
7	2	39	»	7	»	19	3
8	2	73	»	8	1	2	»
9	3	07	»	9	1	4	9
10	3	42	»	10	1	7	7
11	3	76	»	11	1	10	4
12	4	10	»	12	1	13	1
13	4	44	»	13	1	15	10
14	4	78	»	14	1	18	7
15	5	13	»	15	2	1	4
16	5	47	»	16	2	4	1
17	5	81	»	17	2	6	10
18	6	15	»	18	2	9	7
19	6	49	»	19	2	12	5
20	6	84	»	20	2	15	2
21	7	18	»	21	2	17	11
22	7	52	»	22	3	»	8
23	7	86	»	23	3	3	5
24	8	20	»	24	3	6	2
25	8	55	»	25	3	8	11
26	8	89	»	26	3	11	8
27	9	23	»	27	3	14	5
28	9	57	»	28	3	17	2
29	9	91	»	29	4	»	»
30	10	26	»	30	4	2	9
31	10	60	»	31	4	5	6
32	10	94	1	»	4	8	3
33	11	28	2	»	8	16	6
34	11	62	3	»	13	4	10
35	11	97	4	»	17	13	1
36	12	31	5	»	21	1	4
37	12	65	6	»	26	9	8
38	12	99	7	»	30	17	11
39	13	33	8	»	35	6	3
40	13	68	9	»	39	14	6
50	17	10	10	»	44	2	9
60	20	52	11	»	48	11	1
70	23	94	12	»	52	19	4
80	27	36	13	»	57	7	7
90	30	78	14	»	61	15	11
100	34	20	15	»	66	4	2
200	68	40	16	»	70	12	6
300	102	60	17	»	75	»	9
400	136	80	18	»	79	9	»
500	171	00	19	»	83	17	4
600	205	20	20	»	88	5	7
700	239	40	21	»	92	13	10
800	273	60	22	»	97	2	2
900	307	80	23	»	101	10	5
1000	342	00	24	»	105	18	9

ONCES

NOUV. à 342 f. 25 c.			ANCIENNE à 106 liv. » s. 4 d.				
TITRES.	VALEURS.		TITRES.		VALEURS.		
Millièm.	Francs.	Cent.	Karats.	32emes	Livres.	Sols.	Den.
1	»	34	»	1	»	2	9
2	»	68	»	2	»	5	6
3	1	02	»	3	»	8	3
4	1	36	»	4	»	11	»
5	1	71	»	5	»	13	9
6	2	05	»	6	»	16	6
7	2	39	»	7	»	19	3
8	2	73	»	8	1	2	1
9	3	08	»	9	1	4	10
10	3	42	»	10	1	7	7
11	3	76	»	11	1	10	4
12	4	10	»	12	1	13	1
13	4	44	»	13	1	15	10
14	4	79	»	14	1	18	7
15	5	13	»	15	2	1	4
16	5	47	»	16	2	4	2
17	5	81	»	17	2	6	11
18	6	16	»	18	2	9	8
19	6	50	»	19	2	12	5
20	6	84	»	20	2	15	2
21	7	18	»	21	2	17	11
22	7	52	»	22	3	»	8
23	7	87	»	23	3	3	5
24	8	21	»	24	3	6	3
25	8	55	»	25	3	9	»
26	8	89	»	26	3	11	9
27	9	24	»	27	3	14	6
28	9	58	»	28	3	17	3
29	9	92	»	29	4	»	»
30	10	26	»	30	4	2	9
31	10	60	»	31	4	5	7
32	10	95	1	»	4	8	4
33	11	29	2	»	8	16	8
34	11	63	3	»	13	5	»
35	11	97	4	»	17	13	4
36	12	32	5	»	22	1	8
37	12	66	6	»	26	10	1
38	13	00	7	»	30	18	5
39	13	34	8	»	35	6	9
40	13	69	9	»	39	15	1
50	17	11	10	»	44	3	5
60	20	53	11	»	48	11	9
70	23	95	12	»	53	»	2
80	27	38	13	»	57	8	6
90	30	80	14	»	61	16	10
100	34	22	15	»	66	5	2
200	68	45	16	»	70	13	6
300	102	67	17	»	75	1	10
400	136	90	18	»	79	10	3
500	171	12	19	»	83	18	7
600	205	35	20	»	88	6	11
700	239	57	21	»	92	15	3
800	273	80	22	»	97	3	7
900	308	02	23	»	101	11	11
1000	342	25	24	»	106	»	4

ONCES							
NOUV. à 342 f. 50 c.			ANCIENNE à 106 liv. 1 s. 10 d.				
TITRES.	VALEURS.		TITRES.		VALEURS.		
Millièm.	Francs.	Cent.	Karats.	32emes	Livres.	Sols.	Den.
1	»	34	»	1	»	2	9
2	»	68	»	2	»	5	6
3	1	02	»	3	»	8	3
4	1	37	»	4	»	11	»
5	1	71	»	5	»	13	9
6	2	05	»	6	»	16	6
7	2	39	»	7	»	19	4
8	2	74	»	8	1	2	1
9	3	08	»	9	1	4	10
10	3	42	»	10	1	7	7
11	3	76	»	11	1	10	4
12	4	11	»	12	1	13	1
13	4	45	»	13	1	15	10
14	4	79	»	14	1	18	8
15	5	13	»	15	2	1	5
16	5	48	»	16	2	4	2
17	5	82	»	17	2	6	11
18	6	16	»	18	2	9	8
19	6	50	»	19	2	12	5
20	6	85	»	20	2	15	3
21	7	19	»	21	2	18	»
22	7	53	»	22	3	»	9
23	7	87	»	23	3	3	6
24	8	22	»	24	3	6	3
25	8	56	»	25	3	9	»
26	8	90	»	26	3	11	9
27	9	24	»	27	3	14	7
28	9	59	»	28	3	17	4
29	9	93	»	29	4	»	1
30	10	27	»	30	4	2	10
31	10	61	»	31	4	5	7
32	10	96	1	»	4	8	4
33	11	30	2	»	8	16	9
34	11	64	3	»	13	5	2
35	11	98	4	»	17	13	7
36	12	33	5	»	22	2	»
37	12	67	6	»	26	10	5
38	13	01	7	»	30	18	10
39	13	35	8	»	35	7	3
40	13	70	9	»	39	15	8
50	17	12	10	»	44	4	1
60	20	55	11	»	48	12	6
70	23	97	12	»	53	»	11
80	27	40	13	»	57	9	3
90	30	82	14	»	61	17	8
100	34	25	15	»	65	6	1
200	68	50	16	»	70	14	6
300	102	75	17	»	75	2	11
400	137	00	18	»	79	11	4
500	171	25	19	»	83	19	9
600	205	50	20	»	88	8	2
700	239	75	21	»	92	16	7
800	274	00	22	»	97	5	»
900	308	25	23	»	101	13	5
1000	342	50	24	»	106	1	10

ONCES							
NOUV. à 342 f. 75 c.			ANCIENNE à 106 liv. 3 s. 5 d.				
TITRES.	VALEURS.		TITRES.		VALEURS.		
Millièm.	Francs.	Cent.	Karats.	32emes	Livres.	Sols.	Den.
1	»	34	»	1	»	2	9
2	»	68	»	2	»	5	6
3	1	02	»	3	»	8	3
4	1	37	»	4	»	11	»
5	1	71	»	5	»	13	9
6	2	05	»	6	»	16	7
7	2	39	»	7	»	19	4
8	2	74	»	8	1	2	1
9	3	08	»	9	1	4	10
10	3	42	»	10	1	7	7
11	3	77	»	11	1	10	4
12	4	11	»	12	1	13	2
13	4	45	»	13	1	15	11
14	4	79	»	14	1	18	8
15	5	14	»	15	2	1	5
16	5	48	»	16	2	4	2
17	5	82	»	17	2	7	»
18	6	16	»	18	2	9	9
19	6	51	»	19	2	12	6
20	6	85	»	20	2	15	3
21	7	19	»	21	2	18	»
22	7	54	»	22	3	»	9
23	7	88	»	23	3	3	7
24	8	22	»	24	3	6	4
25	8	56	»	25	3	9	1
26	8	91	»	26	3	11	10
27	9	25	»	27	3	14	7
28	9	59	»	28	3	17	4
29	9	93	»	29	4	»	2
30	10	28	»	30	4	2	11
31	10	62	»	31	4	5	8
32	10	96	1	»	4	8	5
33	11	31	2	»	8	16	11
34	11	65	3	»	13	5	5
35	11	99	4	»	17	13	10
36	12	33	5	»	22	2	4
37	12	68	6	»	26	10	10
38	13	02	7	»	30	19	3
39	13	36	8	»	35	7	9
40	13	71	9	»	39	16	3
50	17	13	10	»	44	4	9
60	20	56	11	»	48	13	2
70	23	99	12	»	53	1	8
80	27	42	13	»	57	10	2
90	30	84	14	»	61	18	7
100	34	27	15	»	66	7	1
200	68	55	16	»	70	15	7
300	102	82	17	»	75	4	1
400	137	10	18	»	79	12	6
500	171	37	19	»	84	1	»
600	205	65	20	»	88	9	6
700	239	92	21	»	92	17	11
800	274	20	22	»	97	6	5
900	308	47	23	»	101	14	11
1000	342	75	24	»	106	3	5

ONCES							
NOUV. à 343 f.			ANCIENNE à 106 liv. 4 s. 11 d.				
TITRES.	VALEURS.		TITRES.		VALEURS.		
Millièm.	Francs.	Cent.	Karats.	32emes	Livres.	Sols.	Den.
1	»	34	»	1	»	2	9
2	»	68	»	2	»	5	6
3	1	02	»	3	»	8	3
4	1	37	»	4	»	11	»
5	1	71	»	5	»	13	10
6	2	05	»	6	»	16	7
7	2	40	»	7	»	19	4
8	2	74	»	8	1	2	1
9	3	08	»	9	1	4	10
10	3	43	»	10	1	7	8
11	3	77	»	11	1	10	5
12	4	11	»	12	1	13	2
13	4	45	»	13	1	15	11
14	4	80	»	14	1	18	8
15	5	14	»	15	2	1	6
16	5	48	»	16	2	4	3
17	5	83	»	17	2	7	»
18	6	17	»	18	2	9	9
19	6	51	»	19	2	12	6
20	6	86	»	20	2	15	4
21	7	20	»	21	2	18	1
22	7	54	»	22	3	»	10
23	7	88	»	23	3	3	7
24	8	23	»	24	3	6	4
25	8	57	»	25	3	9	2
26	8	91	»	26	3	11	11
27	9	26	»	27	3	14	8
28	9	60	»	28	3	17	5
29	9	94	»	29	4	»	2
30	10	29	»	30	4	3	»
31	10	63	»	31	4	5	9
32	10	97	1	»	4	8	6
33	11	31	2	»	8	17	»
34	11	66	3	»	13	5	7
35	12	00	4	»	17	14	1
36	12	34	5	»	22	2	8
37	12	69	6	»	26	11	2
38	13	03	7	»	30	19	9
39	13	37	8	»	35	8	3
40	13	72	9	»	39	16	10
50	17	15	10	»	44	5	4
60	20	58	11	»	48	13	11
70	24	01	12	»	53	2	5
80	27	44	13	»	57	10	11
90	30	87	14	»	61	19	6
100	34	30	15	»	66	8	»
200	68	60	16	»	70	16	7
300	102	90	17	»	75	5	1
400	137	20	18	»	79	13	8
500	171	50	19	»	84	2	2
600	205	80	20	»	88	10	9
700	240	10	21	»	92	19	3
800	274	40	22	»	97	7	10
900	308	70	23	»	101	16	4
1000	343	00	24	»	106	4	11

ONCES							
NOUV. à 343 f. 25 c.			ANCIENNE à 106 liv. 6 s. 6 d.				
TITRES.	VALEURS.		TITRES.		VALEURS.		
Millièm.	Francs.	Cent.	Karats.	32emes	Livres.	Sols.	Den.
1	»	34	»	1	»	2	9
2	»	68	»	2	»	5	6
3	1	02	»	3	»	8	3
4	1	37	»	4	»	11	»
5	1	71	»	5	»	13	10
6	2	05	»	6	»	16	7
7	2	40	»	7	»	19	4
8	2	74	»	8	1	2	1
9	3	08	»	9	1	4	11
10	3	43	»	10	1	7	8
11	3	77	»	11	1	10	5
12	4	11	»	12	1	13	2
13	4	46	»	13	1	15	11
14	4	80	»	14	1	18	9
15	5	14	»	15	2	1	6
16	5	49	»	16	2	4	3
17	5	83	»	17	2	7	»
18	6	17	»	18	2	9	10
19	6	52	»	19	2	12	7
20	6	86	»	20	2	15	4
21	7	20	»	21	2	18	1
22	7	55	»	22	3	»	10
23	7	89	»	23	3	3	8
24	8	23	»	24	3	6	5
25	8	58	»	25	3	9	2
26	8	92	»	26	3	11	11
27	9	26	»	27	3	14	9
28	9	61	»	28	3	17	6
29	9	95	»	29	4	»	3
30	10	29	»	30	4	3	»
31	10	64	»	31	4	5	10
32	10	98	1	»	4	8	7
33	11	32	2	»	8	17	2
34	11	67	3	»	13	5	9
35	12	01	4	»	17	14	5
36	12	35	5	»	22	3	»
37	12	70	6	»	26	11	7
38	13	04	7	»	31	»	2
39	13	38	8	»	35	8	10
40	13	73	9	»	39	17	5
50	17	16	10	»	44	6	»
60	20	59	11	»	48	14	7
70	24	02	12	»	53	3	3
80	27	46	13	»	57	11	10
90	30	89	14	»	62	»	5
100	34	32	15	»	66	9	»
200	68	65	16	»	70	17	8
300	102	97	17	»	75	6	3
400	137	30	18	»	79	14	10
500	171	62	19	»	84	3	5
600	205	95	20	»	88	12	1
700	240	27	21	»	93	»	8
800	274	60	22	»	97	9	3
900	308	92	23	»	101	17	10
1000	343	25	24	»	106	6	6

ONCES								
NOUV. à 343 f. 50 c.			ANCIENNE à 106 liv. 8 s. 1 d.					
TITRES.	VALEURS.		TITRES.		VALEURS.			
Millièm.	Francs.	Cent.	Karats.	32emes	Livres.	Sols.	Den.
1	»	34	»	1	»	2	9
2	»	68	»	2	»	5	6
3	1	03	»	3	»	8	3
4	1	37	»	4	»	11	1
5	1	71	»	5	»	13	10
6	2	06	»	6	»	16	7
7	2	40	»	7	»	19	4
8	2	74	»	8	1	2	2
9	3	09	»	9	1	4	11
10	3	43	»	10	1	7	8
11	3	77	»	11	1	10	5
12	4	12	»	12	1	13	3
13	4	46	»	13	1	16	»
14	4	80	»	14	1	18	9
15	5	15	»	15	2	1	6
16	5	49	»	16	2	4	4
17	5	83	»	17	2	7	1
18	6	18	»	18	2	9	10
19	6	52	»	19	2	12	7
20	6	87	»	20	2	15	5
21	7	21	»	21	2	18	2
22	7	55	»	22	3	»	11
23	7	90	»	23	3	3	8
24	8	24	»	24	3	6	6
25	8	58	»	25	3	9	3
26	8	93	»	26	3	12	»
27	9	27	»	27	3	14	9
28	9	61	»	28	3	17	7
29	9	96	»	29	4	»	4
30	10	30	»	30	4	3	1
31	10	64	»	31	4	5	10
32	10	99	1	»	4	8	8
33	11	33	2	»	8	17	4
34	11	67	3	»	13	6	»
35	12	02	4	»	17	14	8
36	12	36	5	»	22	3	4
37	12	70	6	»	26	12	»
38	13	05	7	»	31	»	8
39	13	39	8	»	35	9	4
40	13	74	9	»	39	18	»
50	17	17	10	»	44	6	8
60	20	61	11	»	48	15	4
70	24	04	12	»	53	4	»
80	27	48	13	»	57	12	8
90	30	91	14	»	62	1	4
100	34	35	15	»	66	10	»
200	68	70	16	»	70	18	8
300	103	05	17	»	75	7	4
400	137	40	18	»	79	16	»
500	171	75	19	»	84	4	8
600	206	10	20	»	88	13	4
700	240	45	21	»	93	2	»
800	274	80	22	»	97	10	8
900	309	15	23	»	101	19	4
1000	343	50	24	»	106	8	1

ONCES							
NOUV. à 343 f. 75 c.			ANCIENNE à 106 liv. 9 s. 7 d.				
TITRES.	VALEURS.		TITRES.		VALEURS.		
Millièm.	Francs.	Cent.	Karats.	32emes	Livres.	Sols.	Den.
1	»	34	»	1	»	2	9
2	»	68	»	2	»	5	6
3	1	03	»	3	»	8	3
4	1	37	»	4	»	11	1
5	1	71	»	5	»	13	10
6	2	06	»	6	»	16	7
7	2	40	»	7	»	19	4
8	2	75	»	8	1	2	2
9	3	09	»	9	1	4	11
10	3	43	»	10	1	7	8
11	3	78	»	11	1	10	6
12	4	12	»	12	1	13	3
13	4	46	»	13	1	16	»
14	4	81	»	14	1	18	9
15	5	15	»	15	2	1	7
16	5	50	»	16	2	4	4
17	5	84	»	17	2	7	1
18	6	18	»	18	2	9	10
19	6	53	»	19	2	12	8
20	6	87	»	20	2	15	5
21	7	21	»	21	2	18	2
22	7	56	»	22	3	1	»
23	7	90	»	23	3	3	9
24	8	25	»	24	3	6	6
25	8	59	»	25	3	9	3
26	8	93	»	26	3	12	1
27	9	28	»	27	3	14	10
28	9	62	»	28	3	17	7
29	9	96	»	29	4	»	4
30	10	31	»	30	4	3	2
31	10	65	»	31	4	5	11
32	11	00	1	»	4	8	8
33	11	34	2	»	8	17	5
34	11	68	3	»	13	6	2
35	12	03	4	»	17	14	11
36	12	37	5	»	22	3	7
37	12	71	6	»	26	12	4
38	13	06	7	»	31	1	1
39	13	40	8	»	35	9	10
40	13	75	9	»	39	18	7
50	17	18	10	»	44	7	3
60	20	62	11	»	48	16	»
70	24	06	12	»	53	4	9
80	27	50	13	»	57	13	6
90	30	93	14	»	62	2	3
100	34	37	15	»	66	10	11
200	68	75	16	»	70	19	8
300	103	12	17	»	75	8	5
400	137	50	18	»	79	17	2
500	171	87	19	»	84	5	11
600	206	25	20	»	88	14	7
700	240	62	21	»	93	3	4
800	275	00	22	»	97	12	1
900	309	37	23	»	102	»	10
1000	343	75	24	»	106	9	7

ONCES							
NOUVELLE à 344f.			ANCIENNE à 106 liv. 11 s. 2 d.				
TITRES.	VALEURS.		TITRES.		VALEURS.		
Millièm.	Francs.	Cent.	Karats.	32èmes	Livres.	Sols.	Den.
1	»	34	»	1	»	2	9
2	»	68	»	2	»	5	6
3	1	03	»	3	»	8	3
4	1	37	»	4	»	11	1
5	1	72	»	5	»	13	10
6	2	06	»	6	»	16	7
7	2	40	»	7	»	19	5
8	2	75	»	8	1	2	2
9	3	09	»	9	1	4	11
10	3	44	»	10	1	7	8
11	3	78	»	11	1	10	6
12	4	12	»	12	1	13	3
13	4	47	»	13	1	16	»
14	4	81	»	14	1	18	10
15	5	16	»	15	2	1	7
16	5	50	»	16	2	4	4
17	5	84	»	17	2	7	2
18	6	19	»	18	2	9	11
19	6	53	»	19	2	12	8
20	6	88	»	20	2	15	5
21	7	22	»	21	2	18	3
22	7	56	»	22	3	1	»
23	7	91	»	23	3	3	9
24	8	25	»	24	3	6	7
25	8	60	»	25	3	9	4
26	8	94	»	26	3	12	1
27	9	28	»	27	3	14	11
28	9	63	»	28	3	17	8
29	9	97	»	29	4	»	5
30	10	32	»	30	4	3	2
31	10	66	»	31	4	6	»
32	11	00	1	»	4	8	9
33	11	35	2	»	8	17	7
34	11	69	3	»	13	6	4
35	12	04	4	»	17	15	2
36	12	38	5	»	22	3	11
37	12	72	6	»	26	12	9
38	13	07	7	»	31	1	7
39	13	41	8	»	35	10	4
40	13	76	9	»	39	19	2
50	17	20	10	»	44	7	11
60	20	64	11	»	48	16	9
70	24	08	12	»	53	5	7
80	27	52	13	»	57	14	4
90	30	95	14	»	62	3	2
100	34	40	15	»	66	11	11
200	68	80	16	»	71	»	9
300	103	20	17	»	75	9	6
400	137	60	18	»	79	18	4
500	172	00	19	»	84	7	2
600	206	40	20	»	88	15	11
700	240	80	21	»	93	4	9
800	275	20	22	»	97	13	6
900	309	60	23	»	102	2	4
1000	344	00	24	»	106	11	2

ONCES							
NOUV. à 344 f. 25 c.			ANCIENNE à 106 liv. 12 s. 8 d.				
TITRES.	VALEURS.		TITRES.		VALEURS.		
Millièm.	Francs.	Cent.	Karats.	32èmes	Livres.	Sols.	Den.
1	»	34	»	1	»	2	9
2	»	68	»	2	»	5	6
3	1	03	»	3	»	8	3
4	1	37	»	4	»	11	1
5	1	72	»	5	»	13	10
6	2	06	»	6	»	16	7
7	2	40	»	7	»	19	5
8	2	75	»	8	1	2	2
9	3	09	»	9	1	4	11
10	3	44	»	10	1	7	9
11	3	78	»	11	1	10	6
12	4	13	»	12	1	13	3
13	4	47	»	13	1	16	1
14	4	81	»	14	1	18	10
15	5	16	»	15	2	1	7
16	5	50	»	16	2	4	5
17	5	85	»	17	2	7	2
18	6	19	»	18	2	9	11
19	6	54	»	19	2	12	9
20	6	88	»	20	2	15	6
21	7	22	»	21	2	18	3
22	7	57	»	22	3	1	1
23	7	91	»	23	3	3	10
24	8	26	»	24	3	6	7
25	8	60	»	25	3	9	5
26	8	95	»	26	3	12	2
27	9	29	»	27	3	14	11
28	9	63	»	28	3	17	9
29	9	98	»	29	4	»	6
30	10	32	»	30	4	3	3
31	10	67	»	31	4	6	1
32	11	01	1	»	4	8	10
33	11	36	2	»	8	17	8
34	11	70	3	»	13	6	7
35	12	04	4	»	17	15	5
36	12	39	5	»	22	4	3
37	12	73	6	»	26	13	2
38	13	08	7	»	31	2	»
39	13	42	8	»	35	10	10
40	13	77	9	»	39	19	9
50	17	21	10	»	44	8	7
60	20	65	11	»	48	17	5
70	24	09	12	»	53	6	4
80	27	54	13	»	57	15	2
90	30	98	14	»	62	4	»
100	34	42	15	»	66	12	11
200	68	85	16	»	71	1	9
300	103	27	17	»	75	10	7
400	137	70	18	»	79	19	6
500	172	12	19	»	84	8	4
600	206	55	20	»	88	17	2
700	240	97	21	»	93	6	1
800	275	40	22	»	97	14	11
900	309	82	23	»	102	3	9
1000	344	25	24	»	106	12	8

ONCES							
NOUV. à 344 f. 50 c.			ANCIENNE à 106 liv. 14 s. 3 d.				
TITRES.	VALEURS.		TITRES.		VALEURS.		
Milliėm.	Francs.	Cent.	Karats.	32emes	Livres.	Sols.	Den.
1	»	34	»	1	»	2	9
2	»	68	»	2	»	5	6
3	1	03	»	3	»	8	4
4	1	37	»	4	»	11	1
5	1	72	»	5	»	13	10
6	2	06	»	6	»	16	8
7	2	41	»	7	»	19	5
8	2	75	»	8	1	2	2
9	3	10	»	9	1	5	»
10	3	44	»	10	1	7	9
11	3	78	»	11	1	10	6
12	4	13	»	12	1	13	4
13	4	47	»	13	1	16	1
14	4	82	»	14	1	18	10
15	5	16	»	15	2	1	8
16	5	51	»	16	2	4	5
17	5	85	»	17	2	7	2
18	6	20	»	18	2	10	»
19	6	54	»	19	2	12	9
20	6	89	»	20	2	15	6
21	7	23	»	21	2	18	4
22	7	57	»	22	3	1	1
23	7	92	»	23	3	3	10
24	8	26	»	24	3	6	8
25	8	61	»	25	3	9	5
26	8	95	»	26	3	12	3
27	9	30	»	27	3	15	»
28	9	64	»	28	3	17	9
29	9	99	»	29	4	»	7
30	10	33	»	30	4	3	4
31	10	67	»	31	4	6	1
32	11	02	1	»	4	8	11
33	11	36	2	»	8	17	10
34	11	71	3	»	13	6	9
35	12	05	4	»	17	15	8
36	12	40	5	»	22	4	7
37	12	74	6	»	26	13	6
38	13	09	7	»	31	2	5
39	13	43	8	»	35	11	5
40	13	78	9	»	40	»	4
50	17	22	10	»	44	9	3
60	20	67	11	»	48	18	2
70	24	11	12	»	53	7	1
80	27	56	13	»	57	16	»
90	31	00	14	»	62	4	11
100	34	45	15	»	65	13	10
200	68	90	16	»	71	2	10
300	103	35	17	»	75	11	9
400	137	80	18	»	80	»	8
500	172	25	19	»	84	9	7
600	206	70	20	»	88	18	6
700	241	15	21	»	93	7	5
800	275	60	22	»	97	16	4
900	310	05	23	»	102	5	3
1000	344	50	24	»	106	14	3

ONCES							
NOUV. à 344 f. 75 c.			ANCIENNE à 106 liv. 15 s. 9 d.				
TITRES.	VALEURS.		TITRES.		VALEURS.		
Milliėm.	Francs.	Cent.	Karats.	32emes	Livres.	Sols.	Den.
1	»	34	»	1	»	2	9
2	»	68	»	2	»	5	6
3	1	03	»	3	»	8	4
4	1	37	»	4	»	11	1
5	1	72	»	5	»	13	10
6	2	06	»	6	»	16	8
7	2	41	»	7	»	19	5
8	2	75	»	8	1	2	2
9	3	10	»	9	1	5	»
10	3	44	»	10	1	7	9
11	3	79	»	11	1	10	7
12	4	13	»	12	1	13	4
13	4	48	»	13	1	16	1
14	4	82	»	14	1	18	11
15	5	17	»	15	2	1	8
16	5	51	»	16	2	4	5
17	5	86	»	17	2	7	3
18	6	20	»	18	2	10	»
19	6	55	»	19	2	12	10
20	6	89	»	20	2	15	7
21	7	23	»	21	2	18	4
22	7	58	»	22	3	1	2
23	7	92	»	23	3	3	11
24	8	27	»	24	3	6	8
25	8	61	»	25	3	9	6
26	8	96	»	26	3	12	3
27	9	30	»	27	3	15	1
28	9	65	»	28	3	17	10
29	9	99	»	29	4	»	7
30	10	34	»	30	4	3	5
31	10	68	»	31	4	6	2
32	11	03	1	»	4	8	11
33	11	37	2	»	8	17	11
34	11	72	3	»	13	6	11
35	12	06	4	»	17	15	11
36	12	41	5	»	22	4	11
37	12	75	6	»	26	13	11
38	13	10	7	»	31	2	11
39	13	44	8	»	35	11	11
40	13	79	9	»	40	»	10
50	17	23	10	»	44	9	10
60	20	68	11	»	48	18	10
70	24	13	12	»	53	7	10
80	27	58	13	»	57	16	10
90	31	02	14	»	62	5	10
100	34	47	15	»	66	14	10
200	68	95	16	»	71	3	10
300	103	42	17	»	75	12	9
400	137	90	18	»	80	1	9
500	172	37	19	»	84	10	9
600	206	85	20	»	88	19	9
700	241	32	21	»	93	8	9
800	275	80	22	»	97	17	9
900	310	27	23	»	102	6	9
1000	344	75	24	»	106	15	9

ONCES

NOUV. à 345 f. — ANCIENNE à 106 liv. 17 s. 4 d.

TITRES. Milliѐm.	VALEURS. Francs.	VALEURS. Cent.	TITRES. Karats.	TITRES. 32emes	VALEURS. Livres.	VALEURS. Sols.	VALEURS. Den.
1	»	34	»	1	»	2	9
2	»	69	»	2	»	5	6
3	1	03	»	3	»	8	4
4	1	38	»	4	»	11	1
5	1	72	»	5	»	13	10
6	2	07	»	6	»	16	8
7	2	41	»	7	»	19	5
8	2	76	»	8	1	2	3
9	3	10	»	9	1	5	»
10	3	45	»	10	1	7	9
11	3	79	»	11	1	10	7
12	4	14	»	12	1	13	4
13	4	48	»	13	1	16	2
14	4	83	»	14	1	18	11
15	5	17	»	15	2	1	8
16	5	52	»	16	2	4	6
17	5	86	»	17	2	7	3
18	6	21	»	18	2	10	1
19	6	55	»	19	2	12	10
20	6	90	»	20	2	15	7
21	7	24	»	21	2	18	5
22	7	59	»	22	3	1	2
23	7	93	»	23	3	4	»
24	8	28	»	24	3	6	9
25	8	62	»	25	3	9	6
26	8	97	»	26	3	12	4
27	9	31	»	27	3	15	1
28	9	66	»	28	3	17	11
29	10	00	»	29	4	»	8
30	10	35	»	30	4	3	5
31	10	69	»	31	4	6	3
32	11	04	1	»	4	9	»
33	11	38	2	»	8	18	1
34	11	73	3	»	13	7	2
35	12	07	4	»	17	16	2
36	12	42	5	»	22	5	3
37	12	76	6	»	26	14	4
38	13	11	7	»	31	3	4
39	13	45	8	»	35	12	5
40	13	80	9	»	40	1	6
50	17	25	10	»	44	10	6
60	20	70	11	»	48	19	7
70	24	15	12	»	53	8	8
80	27	60	13	»	57	17	8
90	31	05	14	»	62	6	9
100	34	50	15	»	66	15	10
200	69	00	16	»	71	4	10
300	103	50	17	»	75	13	11
400	138	00	18	»	80	3	»
500	172	50	19	»	84	12	»
600	207	00	20	»	89	1	1
700	241	50	21	»	93	10	2
800	276	00	22	»	97	19	2
900	310	50	23	»	102	8	3
1000	345	00	24	»	106	17	4

ONCES

NOUV. à 345 f. 25 c. — ANCIENNE à 106 liv. 18 s. 11 d.

TITRES. Milliѐm.	VALEURS. Francs.	VALEURS. Cent.	TITRES. Karats.	TITRES. 32emes	VALEURS. Livres.	VALEURS. Sols.	VALEURS. Den.
1	»	34	»	1	»	2	9
2	»	69	»	2	»	5	6
3	1	03	»	3	»	8	4
4	1	38	»	4	»	11	1
5	1	72	»	5	»	13	11
6	2	07	»	6	»	16	8
7	2	41	»	7	»	19	5
8	2	76	»	8	1	2	3
9	3	10	»	9	1	5	»
10	3	45	»	10	1	7	10
11	3	79	»	11	1	10	7
12	4	14	»	12	1	13	5
13	4	48	»	13	1	16	2
14	4	83	»	14	1	18	11
15	5	17	»	15	2	1	9
16	5	52	»	16	2	4	6
17	5	86	»	17	2	7	4
18	6	21	»	18	2	10	1
19	6	56	»	19	2	12	10
20	6	90	»	20	2	15	8
21	7	25	»	21	2	18	5
22	7	59	»	22	3	1	3
23	7	94	»	23	3	4	»
24	8	28	»	24	3	6	10
25	8	63	»	25	3	9	7
26	8	97	»	26	3	12	4
27	9	32	»	27	3	15	2
28	9	66	»	28	3	17	11
29	10	01	»	29	4	»	9
30	10	35	»	30	4	3	6
31	10	70	»	31	4	6	4
32	11	04	1	»	4	9	1
33	11	39	2	»	8	18	2
34	11	73	3	»	13	7	4
35	12	08	4	»	17	16	5
36	12	42	5	»	22	5	7
37	12	77	6	»	26	14	8
38	13	11	7	»	31	3	10
39	13	46	8	»	35	12	11
40	13	81	9	»	40	2	1
50	17	26	10	»	44	11	2
60	20	71	11	»	49	»	4
70	24	16	12	»	53	9	5
80	27	62	13	»	57	18	6
90	31	07	14	»	62	7	8
100	34	52	15	»	66	16	9
200	69	05	16	»	71	5	11
300	103	57	17	»	75	15	»
400	138	10	18	»	80	4	2
500	172	62	19	»	84	13	3
600	207	15	20	»	89	2	5
700	241	67	21	»	93	11	6
800	276	20	22	»	98	»	8
900	310	72	23	»	102	9	9
1000	345	25	24	»	106	18	11

ONCES								ONCES							
NOUV. à 345 f. 50 c.			ANCIENNE à 107 liv. s. 5 d.					NOUV. à 345 f. 75 c.			ANCIENNE à 107 liv. 2 s. d.				
TITRES.	VALEURS.		TITRES.		VALEURS.			TITRES.	VALEURS.		TITRES.		VALEURS.		
Millièm.	Francs.	Cent.	Karats.	32èmes	Livres.	Sols.	Den.	Millièm.	Francs.	Cent.	Karats.	32èmes	Livres.	Sols.	Den.
1	»	34	»	1	»	2	9	1	»	34	»	1	»	2	9
2	»	69	»	2	»	5	6	2	»	69	»	2	»	5	6
3	1	03	»	3	»	8	4	3	1	03	»	3	»	8	4
4	1	38	»	4	»	11	1	4	1	38	»	4	»	11	1
5	1	72	»	5	»	13	11	5	1	72	»	5	»	13	11
6	2	07	»	6	»	16	8	6	2	07	»	6	»	16	8
7	2	41	»	7	»	19	6	7	2	42	»	7	»	19	6
8	2	76	»	8	1	2	3	8	2	76	»	8	1	2	3
9	3	10	»	9	1	5	»	9	3	11	»	9	1	5	1
10	3	45	»	10	1	7	10	10	3	45	»	10	1	7	10
11	3	80	»	11	1	10	7	11	3	80	»	11	1	10	8
12	4	14	»	12	1	13	5	12	4	14	»	12	1	13	5
13	4	49	»	13	1	16	2	13	4	49	»	13	1	16	3
14	4	83	»	14	1	19	»	14	4	84	»	14	1	19	»
15	5	18	»	15	2	1	9	15	5	18	»	15	2	1	10
16	5	52	»	16	2	4	7	16	5	53	»	16	2	4	7
17	5	87	»	17	2	7	4	17	5	87	»	17	2	7	4
18	6	21	»	18	2	10	1	18	6	22	»	18	2	10	2
19	6	56	»	19	2	12	11	19	6	56	»	19	2	12	11
20	6	91	»	20	2	15	8	20	6	91	»	20	2	15	9
21	7	25	»	21	2	18	6	21	7	26	»	21	2	18	6
22	7	60	»	22	3	1	3	22	7	60	»	22	3	1	4
23	7	94	»	23	3	4	1	23	7	95	»	23	3	4	1
24	8	29	»	24	3	6	10	24	8	29	»	24	3	6	11
25	8	63	»	25	3	9	8	25	8	64	»	25	3	9	8
26	8	98	»	26	3	12	5	26	8	98	»	26	3	12	6
27	9	32	»	27	3	15	2	27	9	33	»	27	3	15	3
28	9	67	»	28	3	18	»	28	9	68	»	28	3	18	1
29	10	01	»	29	4	»	9	29	10	02	»	29	4	»	10
30	10	36	»	30	4	3	7	30	10	37	»	30	4	3	8
31	10	71	»	31	4	6	4	31	10	71	»	31	4	6	5
32	11	05	1	»	4	9	2	32	11	06	1	»	4	9	3
33	11	40	2	»	8	18	4	33	11	40	2	»	8	18	6
34	11	74	3	»	13	7	6	34	11	75	3	»	13	7	9
35	12	09	4	»	17	16	8	35	12	10	4	»	17	17	»
36	12	43	5	»	22	5	11	36	12	44	5	»	22	6	3
37	12	78	6	»	26	15	1	37	12	79	6	»	26	15	6
38	13	12	7	»	31	4	3	38	13	13	7	»	31	4	9
39	13	47	8	»	35	13	5	39	13	48	8	»	35	14	»
40	13	82	9	»	40	2	7	40	13	83	9	»	40	3	3
50	17	27	10	»	44	11	10	50	17	28	10	»	44	12	6
60	20	73	11	»	49	1	»	60	20	74	11	»	49	1	9
70	24	18	12	»	53	10	2	70	24	20	12	»	53	11	»
80	27	64	13	»	57	19	4	80	27	66	13	»	58	»	3
90	31	09	14	»	62	8	6	90	31	11	14	»	62	9	6
100	34	55	15	»	66	17	9	100	34	57	15	»	66	18	9
200	69	10	16	»	71	6	11	200	69	15	16	»	71	8	»
300	103	65	17	»	75	16	1	300	103	72	17	»	75	17	3
400	138	20	18	»	80	5	3	400	138	30	18	»	80	6	6
500	172	75	19	»	84	14	5	500	172	87	19	»	84	15	9
600	207	30	20	»	89	3	8	600	207	45	20	»	89	5	»
700	241	85	21	»	93	12	10	700	242	02	21	»	93	14	3
800	276	40	22	»	98	2	»	800	276	60	22	»	98	3	6
900	310	95	23	»	102	11	2	900	311	17	23	»	102	12	9
1000	345	50	24	»	107	»	5	1000	345	75	24	»	107	2	»

ONCES							
NOUVELLE à 346 f.			ANCIENNE à 107 liv. 3 s. 6 d.				
TITRES.	VALEURS.		TITRES.		VALEURS.		
Milliém.	Francs.	Cent.	Karats.	32emes	Livres.	Sols.	Den.
1	»	34	»	1	»	2	9
2	»	69	»	2	»	5	6
3	1	03	»	3	»	8	4
4	1	38	»	4	»	11	1
5	1	73	»	5	»	13	11
6	2	07	»	6	»	16	8
7	2	42	»	7	»	19	6
8	2	76	»	8	1	2	3
9	3	11	»	9	1	5	1
10	3	46	»	10	1	7	10
11	3	80	»	11	1	10	8
12	4	15	»	12	1	13	5
13	4	49	»	13	1	16	3
14	4	84	»	14	1	19	»
15	5	19	»	15	2	1	10
16	5	53	»	16	2	4	7
17	5	88	»	17	2	7	5
18	6	22	»	18	2	10	2
19	6	57	»	19	2	13	»
20	6	92	»	20	2	15	9
21	7	26	»	21	2	18	7
22	7	61	»	22	3	1	4
23	7	95	»	23	3	4	2
24	8	30	»	24	3	6	11
25	8	65	»	25	3	9	9
26	8	99	»	26	3	12	6
27	9	34	»	27	3	15	4
28	9	68	»	28	3	18	1
29	10	03	»	29	4	»	11
30	10	38	»	30	4	3	8
31	10	72	»	31	4	6	6
32	11	07	1	»	4	9	3
33	11	41	2	»	8	18	7
34	11	76	3	»	13	7	11
35	12	11	4	»	17	17	3
36	12	45	5	»	22	6	6
37	12	80	6	»	26	15	10
38	13	14	7	»	31	5	2
39	13	49	8	»	35	14	6
40	13	84	9	»	40	3	9
50	17	30	10	»	44	13	1
60	20	76	11	»	49	2	5
70	24	22	12	»	53	11	9
80	27	68	13	»	58	1	»
90	31	14	14	»	62	10	4
100	34	60	15	»	66	19	8
200	69	20	16	»	71	9	»
300	103	80	17	»	75	18	3
400	138	40	18	»	80	7	7
500	173	00	19	»	84	16	11
600	207	60	20	»	89	6	3
700	242	20	21	»	93	15	6
800	276	80	22	»	98	4	10
900	311	40	23	»	102	14	2
1000	346	00	24	»	107	3	6

ONCES							
NOUV. à 346 f. 25 c.			ANCIENNE à 107 liv. 5 s. 1 d.				
TITRES.	VALEURS.		TITRES.		VALEURS.		
Milliém.	Francs.	Cent.	Karats.	32emes	Livres.	Sols.	Den.
1	»	34	»	1	»	2	9
2	»	69	»	2	»	5	7
3	1	03	»	3	»	8	4
4	1	38	»	4	»	11	2
5	1	78	»	5	»	13	11
6	2	07	»	6	»	16	9
7	2	42	»	7	»	19	6
8	2	77	»	8	1	2	4
9	3	11	»	9	1	5	1
10	3	46	»	10	1	7	11
11	3	80	»	11	1	10	8
12	4	15	»	12	1	13	6
13	4	50	»	13	1	16	3
14	4	84	»	14	1	19	1
15	5	19	»	15	2	1	10
16	5	54	»	16	2	4	8
17	5	88	»	17	2	7	5
18	6	23	»	18	2	10	3
19	6	57	»	19	2	13	»
20	6	92	»	20	2	15	10
21	7	27	»	21	2	18	7
22	7	61	»	22	3	1	4
23	7	96	»	23	3	4	1
24	8	31	»	24	3	6	11
25	8	65	»	25	3	9	8
26	9	00	»	26	3	12	6
27	9	34	»	27	3	15	3
28	9	69	»	28	3	18	1
29	10	04	»	29	4	»	10
30	10	38	»	30	4	3	8
31	10	73	»	31	4	6	6
32	11	08	1	»	4	9	4
33	11	42	2	»	8	18	9
34	11	77	3	»	13	8	1
35	12	11	4	»	17	17	6
36	12	46	5	»	22	6	10
37	12	81	6	»	26	16	3
38	13	15	7	»	31	5	7
39	13	50	8	»	35	15	»
40	13	85	9	»	40	4	4
50	17	31	10	»	44	13	9
60	20	77	11	»	49	3	1
70	24	23	12	»	53	12	6
80	27	70	13	»	58	1	11
90	31	16	14	»	62	11	3
100	34	62	15	»	67	»	8
200	69	25	16	»	71	10	»
300	103	87	17	»	75	19	5
400	138	50	18	»	80	8	9
500	173	12	19	»	84	18	2
600	207	75	20	»	89	7	6
700	242	37	21	»	93	16	11
800	277	00	22	»	98	6	3
900	311	62	23	»	102	15	8
1000	346	25	24	»	107	5	1

ONCES								ONCES							
NOUV. à 346 f. 50 c.			ANCIENNE à 107 liv. 6 s. 6 d.					NOUV. à 346 f. 75 c.			ANCIENNE à 107 liv. 8 s. 2 d.				
TITRES.	VALEURS.		TITRES.		VALEURS.			TITRES.	VALEURS.		TITRES.		VALEURS.		
Milliém.	Francs.	Cent.	Karats.	32èmes	Livres.	Sols.	Den.	Milliém.	Francs.	Cent.	Karats.	32èmes	Livres.	Sols.	Den.
1	»	34	»	1	»	2	9	1	»	34	»	1	»	2	9
2	»	69	»	2	»	5	7	2	»	69	»	2	»	5	7
3	1	03	»	3	»	8	4	3	1	04	»	3	»	8	4
4	1	38	»	4	»	11	2	4	1	38	»	4	»	11	2
5	1	73	»	5	»	13	11	5	1	73	»	5	»	13	11
6	2	07	»	6	»	16	9	6	2	08	»	6	»	16	9
7	2	42	»	7	»	19	6	7	2	42	»	7	»	19	6
8	2	77	»	8	1	2	4	8	2	77	»	8	1	2	4
9	3	11	»	9	1	5	1	9	3	12	»	9	1	5	2
10	3	46	»	10	1	7	11	10	3	46	»	10	1	7	11
11	3	81	»	11	1	10	8	11	3	81	»	11	1	10	9
12	4	15	»	12	1	13	6	12	4	16	»	12	1	13	6
13	4	50	»	13	1	16	4	13	4	50	»	13	1	16	4
14	4	85	»	14	1	19	1	14	4	85	»	14	1	19	1
15	5	19	»	15	2	1	11	15	5	20	»	15	2	1	11
16	5	54	»	16	2	4	8	16	5	54	»	16	2	4	9
17	5	89	»	17	2	7	6	17	5	89	»	17	2	7	6
18	6	23	»	18	2	10	3	18	6	24	»	18	2	10	4
19	6	58	»	19	2	13	1	19	6	58	»	19	2	13	1
20	6	93	»	20	2	15	10	20	6	93	»	20	2	15	11
21	7	27	»	21	2	18	8	21	7	28	»	21	2	18	8
22	7	62	»	22	3	1	5	22	7	62	»	22	3	1	6
23	7	96	»	23	3	4	3	23	7	97	»	23	3	4	3
24	8	31	»	24	3	7	»	24	8	32	»	24	3	7	1
25	8	66	»	25	3	9	10	25	8	66	»	25	3	9	11
26	9	00	»	26	3	12	8	26	9	01	»	26	3	12	8
27	9	35	»	27	3	15	5	27	9	36	»	27	3	15	6
28	9	70	»	28	3	18	3	28	9	70	»	28	3	18	3
29	10	04	»	29	4	1	»	29	10	05	»	29	4	1	1
30	10	39	»	30	4	3	10	30	10	40	»	30	4	3	10
31	10	74	»	31	4	6	7	31	10	74	»	31	4	6	8
32	11	08	1	»	4	9	5	32	11	09	1	»	4	9	6
33	11	43	2	»	8	18	10	33	11	44	2	»	8	19	»
34	11	78	3	»	13	8	3	34	11	78	3	»	13	8	6
35	12	12	4	»	17	17	9	35	12	13	4	»	17	18	»
36	12	47	5	»	22	7	2	36	12	48	5	»	22	7	6
37	12	82	6	»	26	16	7	37	12	82	6	»	26	17	»
38	13	16	7	»	31	6	»	38	13	17	7	»	31	6	6
39	13	51	8	»	35	15	6	39	13	52	8	»	35	16	»
40	13	86	9	»	40	4	11	40	13	87	9	»	40	5	6
50	17	32	10	»	44	14	4	50	17	33	10	»	44	15	»
60	20	79	11	»	49	3	9	60	20	80	11	»	49	4	6
70	24	25	12	»	53	13	3	70	24	27	12	»	53	14	1
80	27	72	13	»	58	2	8	80	27	74	13	»	58	3	7
90	31	18	14	»	62	12	1	90	31	20	14	»	62	13	1
100	34	65	15	»	67	1	6	100	34	67	15	»	67	2	7
200	69	30	16	»	71	11	»	200	69	35	16	»	71	12	1
300	103	95	17	»	76	»	5	300	104	02	17	»	76	1	7
400	138	60	18	»	80	9	10	400	138	70	18	»	80	11	1
500	173	25	19	»	84	19	3	500	173	37	19	»	85	»	7
600	207	90	20	»	89	8	9	600	208	05	20	»	89	10	1
700	242	55	21	»	93	18	2	700	242	72	21	»	93	19	7
800	277	20	22	»	98	7	7	800	277	40	22	»	98	9	1
900	311	85	23	»	102	17	»	900	312	07	23	»	102	18	7
1000	346	50	24	»	107	6	6	1000	346	75	24	»	107	8	2

ONCES

TITRES.	VALEURS.		TITRES.		VALEURS.		
	NOUV. à 347 f.		ANCIENNE à 107 liv. 8 s. 9 d.				
Milliêm.	Francs.	Cent.	Karats.	32emes	Livres.	Sols.	Den.
1	»	34	»	1	»	2	9
2	»	69	»	2	»	5	7
3	1	04	»	3	»	8	4
4	1	38	»	4	»	11	2
5	1	73	»	5	»	13	11
6	2	08	»	6	»	16	9
7	2	42	»	7	»	19	7
8	2	77	»	8	1	2	4
9	3	12	»	9	1	5	2
10	3	47	»	10	1	7	11
11	3	81	»	11	1	10	9
12	4	16	»	12	1	13	6
13	4	51	»	13	1	16	4
14	4	85	»	14	1	19	2
15	5	20	»	15	2	1	11
16	5	55	»	16	2	4	9
17	5	89	»	17	2	7	6
18	6	24	»	18	2	10	4
19	6	59	»	19	2	13	1
20	6	94	»	20	2	15	11
21	7	28	»	21	2	18	9
22	7	63	»	22	3	1	6
23	7	98	»	23	3	4	4
24	8	32	»	24	3	7	1
25	8	67	»	25	3	9	11
26	9	02	»	26	3	12	8
27	9	36	»	27	3	15	6
28	9	71	»	28	3	18	4
29	10	06	»	29	4	1	1
30	10	41	»	30	4	3	11
31	10	75	»	31	4	6	8
32	11	10	1	»	4	9	6
33	11	45	2	»	8	19	»
34	11	79	3	»	13	8	7
35	12	14	4	»	17	18	1
36	12	49	5	»	22	7	7
37	12	83	6	»	26	17	2
38	13	18	7	»	31	6	8
39	13	53	8	»	35	16	3
40	13	88	9	»	40	5	9
50	17	35	10	»	44	15	3
60	20	82	11	»	49	4	10
70	24	29	12	»	53	14	4
80	27	76	13	»	58	3	10
90	31	23	14	»	62	13	5
100	34	70	15	»	67	2	11
200	69	40	16	»	71	12	6
300	104	10	17	»	76	2	»
400	138	80	18	»	80	11	6
500	173	50	19	»	85	1	1
600	208	20	20	»	89	10	7
700	242	90	21	»	94	»	1
800	277	60	22	»	98	9	8
900	312	30	23	»	102	19	2
1000	347	00	24	»	107	8	9

ONCES

TITRES.	VALEURS.		TITRES.		VALEURS.		
	NOUV. à 347 f. 25 c.		ANCIENNE à 107 liv. 11 s. 3 d.				
Milliêm.	Francs.	Cent.	Karats.	32emes	Livres.	Sols.	Den.
1	»	34	»	1	»	2	9
2	»	69	»	2	»	5	7
3	1	04	»	3	»	8	4
4	1	38	»	4	»	11	2
5	1	73	»	5	»	14	»
6	2	08	»	6	»	16	9
7	2	43	»	7	»	19	7
8	2	77	»	8	1	2	4
9	3	12	»	9	1	5	2
10	3	47	»	10	1	8	»
11	3	81	»	11	1	10	9
12	4	16	»	12	1	13	7
13	4	51	»	13	1	16	4
14	4	86	»	14	1	19	2
15	5	20	»	15	2	2	»
16	5	55	»	16	2	4	9
17	5	90	»	17	2	7	7
18	6	24	»	18	2	10	5
19	6	59	»	19	2	13	2
20	6	94	»	20	2	16	»
21	7	29	»	21	2	18	9
22	7	63	»	22	3	1	7
23	7	98	»	23	3	4	5
24	8	33	»	24	3	7	2
25	8	68	»	25	3	10	»
26	9	02	»	26	3	12	9
27	9	37	»	27	3	15	7
28	9	72	»	28	3	18	5
29	10	07	»	29	4	1	2
30	10	41	»	30	4	4	»
31	10	76	»	31	4	6	10
32	11	11	1	»	4	9	7
33	11	45	2	»	8	19	3
34	11	80	3	»	13	8	10
35	12	15	4	»	17	18	6
36	12	50	5	»	22	8	2
37	12	84	6	»	26	17	9
38	13	19	7	»	31	7	5
39	13	54	8	»	35	17	1
40	13	89	9	»	40	6	8
50	17	36	10	»	44	16	4
60	20	83	11	»	49	5	11
70	24	30	12	»	53	15	7
80	27	78	13	»	58	5	3
90	31	25	14	»	62	14	10
100	34	72	15	»	67	4	6
200	69	45	16	»	71	14	2
300	104	17	17	»	76	3	9
400	138	90	18	»	80	13	5
500	173	62	19	»	85	3	»
600	208	35	20	»	89	12	8
700	243	07	21	»	94	2	4
800	277	80	22	»	98	11	11
900	312	52	23	»	103	1	7
1000	347	25	24	»	107	11	3

ONCES

NOUV. à 347 f. 50 c.			ANCIENNE à 107 liv. 12 s. 10 d.				
TITRES.	VALEURS.		TITRES.		VALEURS.		
Millièm.	Francs.	Cent.	Karats.	32èmes	Livres.	Sols.	Den.
1	»	34	»	1	»	2	9
2	»	69	»	2	»	5	7
3	1	04	»	3	»	8	4
4	1	39	»	4	»	11	2
5	1	73	»	5	»	14	»
6	2	08	»	6	»	16	9
7	2	43	»	7	»	19	7
8	2	78	»	8	1	2	5
9	3	12	»	9	1	5	2
10	3	47	»	10	1	8	»
11	3	82	»	11	1	10	10
12	4	17	»	12	1	13	7
13	4	51	»	13	1	16	5
14	4	86	»	14	1	19	2
15	5	21	»	15	2	2	»
16	5	56	»	16	2	4	10
17	5	90	»	17	2	7	7
18	6	25	»	18	2	10	5
19	6	60	»	19	2	13	3
20	6	95	»	20	2	16	»
21	7	29	»	21	2	18	10
22	7	64	»	22	3	1	8
23	7	99	»	23	3	4	5
24	8	34	»	24	3	7	3
25	8	68	»	25	3	10	»
26	9	03	»	26	3	12	10
27	9	38	»	27	3	15	8
28	9	73	»	28	3	18	5
29	10	07	»	29	4	1	3
30	10	42	»	30	4	4	1
31	10	77	»	31	4	6	10
32	11	12	1	»	4	9	8
33	11	46	2	»	8	19	4
34	11	81	3	»	13	9	1
35	12	16	4	»	17	18	9
36	12	51	5	»	22	8	6
37	12	85	6	»	26	18	2
38	13	20	7	»	31	7	10
39	13	55	8	»	35	17	7
40	13	90	9	»	40	7	3
50	17	37	10	»	44	17	»
60	20	85	11	»	49	6	8
70	24	32	12	»	53	16	5
80	27	80	13	»	58	6	1
90	31	27	14	»	62	15	9
100	34	75	15	»	67	5	6
200	69	50	16	»	71	15	2
300	104	25	17	»	76	4	11
400	139	00	18	»	80	14	7
500	173	75	19	»	85	4	3
600	208	50	20	»	89	14	»
700	243	25	21	»	94	3	8
800	278	00	22	»	98	13	5
900	312	75	23	»	103	3	1
1000	347	50	24	»	107	12	10

ONCES

NOUV. à 347 f. 75 c.			ANCIENNE à 107 liv. 14 s. 4 d.				
TITRES.	VALEURS.		TITRES.		VALEURS.		
Millièm.	Francs.	Cent.	Karats.	32èmes	Livres.	Sols.	Den.
1	»	34	»	1	»	2	9
2	»	69	»	2	»	5	7
3	1	04	»	3	»	8	4
4	1	39	»	4	»	11	2
5	1	73	»	5	»	14	»
6	2	08	»	6	»	16	9
7	2	43	»	7	»	19	7
8	2	78	»	8	1	2	5
9	3	12	»	9	1	5	2
10	3	47	»	10	1	8	»
11	3	82	»	11	1	10	10
12	4	17	»	12	1	13	7
13	4	52	»	13	1	16	5
14	4	86	»	14	1	19	3
15	5	21	»	15	2	2	»
16	5	56	»	16	2	4	10
17	5	91	»	17	2	7	8
18	6	25	»	18	2	10	5
19	6	60	»	19	2	13	3
20	6	95	»	20	2	16	1
21	7	30	»	21	2	18	10
22	7	65	»	22	3	1	8
23	7	99	»	23	3	4	6
24	8	34	»	24	3	7	3
25	8	69	»	25	3	10	1
26	9	04	»	26	3	12	11
27	9	38	»	27	3	15	8
28	9	73	»	28	3	18	6
29	10	08	»	29	4	1	4
30	10	43	»	30	4	4	1
31	10	78	»	31	4	6	11
32	11	12	1	»	4	9	9
33	11	47	2	»	8	19	6
34	11	82	3	»	13	9	3
35	12	17	4	»	17	19	»
36	12	51	5	»	22	8	9
37	12	86	6	»	26	18	7
38	13	21	7	»	31	8	4
39	13	56	8	»	35	18	1
40	13	91	9	»	40	7	10
50	17	38	10	»	44	17	7
60	20	86	11	»	49	7	4
70	24	34	12	»	53	17	2
80	27	82	13	»	58	6	11
90	31	29	14	»	62	16	8
100	34	77	15	»	67	6	5
200	69	55	16	»	71	16	2
300	104	32	17	»	76	5	11
400	139	10	18	»	80	15	9
500	173	87	19	»	85	5	6
600	208	65	20	»	89	15	3
700	243	42	21	»	94	5	»
800	278	20	22	»	98	14	9
900	312	97	23	»	103	4	6
1000	347	75	24	»	107	14	4

ONCES							
NOUVELLE à 348 f.			ANCIENNE à 107 liv. 15 s. 11 d.				
TITRES.	VALEURS.		TITRES.		VALEURS.		
Millièm.	Francs.	Cent.	Karats.	32emes	Livres.	Sols.	Den.
1	»	34	»	1	»	2	9
2	»	69	»	2	»	5	7
3	1	04	»	3	»	8	5
4	1	39	»	4	»	11	2
5	1	74	»	5	»	14	»
6	2	08	»	6	»	16	10
7	2	43	»	7	»	19	7
8	2	78	»	8	1	2	5
9	3	13	»	9	1	5	3
10	3	48	»	10	1	8	»
11	3	82	»	11	1	10	10
12	4	17	»	12	1	13	8
13	4	52	»	13	1	16	6
14	4	87	»	14	1	19	3
15	5	22	»	15	2	2	1
16	5	56	»	16	2	4	10
17	5	91	»	17	2	7	8
18	6	26	»	18	2	10	6
19	6	61	»	19	2	13	4
20	6	96	»	20	2	16	1
21	7	30	»	21	2	18	11
22	7	65	»	22	3	1	9
23	8	00	»	23	3	4	6
24	8	35	»	24	3	7	4
25	8	70	»	25	3	10	2
26	9	04	»	26	3	12	11
27	9	39	»	27	3	15	9
28	9	74	»	28	3	18	7
29	10	09	»	29	4	1	4
30	10	44	»	30	4	4	2
31	10	78	»	31	4	7	»
32	11	13	1	»	4	9	9
33	11	48	2	»	8	19	7
34	11	83	3	»	13	9	5
35	12	18	4	»	17	19	3
36	12	52	5	»	22	9	1
37	12	87	6	»	26	18	11
38	13	22	7	»	31	8	9
39	13	57	8	»	35	18	7
40	13	92	9	»	40	8	5
50	17	40	10	»	44	18	3
60	20	88	11	»	49	8	1
70	24	36	12	»	53	17	11
80	27	84	13	»	58	7	9
90	31	32	14	»	62	17	7
100	34	80	15	»	67	7	5
200	69	60	16	»	71	17	3
300	104	40	17	»	76	7	1
400	139	20	18	»	80	16	11
500	174	00	19	»	85	6	9
600	208	80	20	»	89	16	7
700	243	60	21	»	94	6	5
800	278	40	22	»	98	16	3
900	313	20	23	»	103	6	1
1000	348	00	24	»	107	15	11

ONCES							
NOUV. à 348 f. 25 c.			ANCIENNE à 107 liv. 17 s. 6 d.				
TITRES.	VALEURS.		TITRES.		VALEURS.		
Millièm.	Francs.	Cent.	Karats.	32emes	Livres.	Sols.	Den.
1	»	34	»	1	»	2	9
2	»	69	»	2	»	5	7
3	1	04	»	3	»	8	5
4	1	39	»	4	»	11	2
5	1	74	»	5	»	14	»
6	2	08	»	6	»	16	10
7	2	43	»	7	»	19	7
8	2	78	»	8	1	2	5
9	3	13	»	9	1	5	3
10	3	48	»	10	1	8	1
11	3	83	»	11	1	10	10
12	4	17	»	12	1	13	8
13	4	52	»	13	1	16	6
14	4	87	»	14	1	19	3
15	5	22	»	15	2	2	1
16	5	57	»	16	2	4	11
17	5	92	»	17	2	7	9
18	6	26	»	18	2	10	6
19	6	61	»	19	2	13	4
20	6	96	»	20	2	16	2
21	7	31	»	21	2	18	11
22	7	66	»	22	3	1	9
23	8	00	»	23	3	4	7
24	8	35	»	24	3	7	5
25	8	70	»	25	3	10	2
26	9	05	»	26	3	13	»
27	9	40	»	27	3	15	10
28	9	75	»	28	3	18	7
29	10	09	»	29	4	1	5
30	10	44	»	30	4	4	3
31	10	79	»	31	4	7	1
32	11	14	1	»	4	9	10
33	11	49	2	»	8	19	9
34	11	84	3	»	13	9	8
35	12	18	4	»	17	19	7
36	12	53	5	»	22	9	5
37	12	88	6	»	26	19	4
38	13	23	7	»	31	9	3
39	13	58	8	»	35	19	2
40	13	93	9	»	40	9	»
50	17	41	10	»	44	18	11
60	20	89	11	»	49	8	10
70	24	37	12	»	53	18	9
80	27	86	13	»	58	8	7
90	31	34	14	»	62	18	6
100	34	82	15	»	67	8	5
200	69	65	16	»	71	18	4
300	104	47	17	»	76	8	2
400	139	30	18	»	80	18	1
500	174	12	19	»	85	8	»
600	208	95	20	»	89	17	11
700	243	77	21	»	94	7	9
800	278	60	22	»	98	17	8
900	313	42	23	»	103	7	7
1000	348	25	24	»	107	17	6

ONCES

NOUV. à 348 f. 50 c.			ANCIENNE à 107 liv. 19 s. d.				
TITRES.	VALEURS.		TITRES.		VALEURS.		
Millièm.	Francs.	Cent.	Karats.	32emes	Livres.	Sols.	Den.
1	»	34	»	1	»	2	9
2	»	69	»	2	»	5	7
3	1	04	»	3	»	8	5
4	1	39	»	4	»	11	2
5	1	74	»	5	»	14	»
6	2	09	»	6	»	16	10
7	2	43	»	7	»	19	8
8	2	78	»	8	1	2	5
9	3	13	»	9	1	5	3
10	3	48	»	10	1	8	1
11	3	83	»	11	1	10	11
12	4	18	»	12	1	13	8
13	4	53	»	13	1	16	6
14	4	87	»	14	1	19	4
15	5	22	»	15	2	2	2
16	5	57	»	16	2	4	11
17	5	92	»	17	2	7	9
18	6	27	»	18	2	10	7
19	6	62	»	19	2	13	4
20	6	97	»	20	2	16	2
21	7	31	»	21	2	19	»
22	7	66	»	22	3	1	10
23	8	01	»	23	3	4	7
24	8	36	»	24	3	7	5
25	8	71	»	25	3	10	3
26	9	06	»	26	3	13	1
27	9	40	»	27	3	15	10
28	9	75	»	28	3	18	8
29	10	10	»	29	4	1	6
30	10	45	»	30	4	4	4
31	10	80	»	31	4	7	1
32	11	15	1	»	4	9	11
33	11	50	2	»	8	19	11
34	11	84	3	»	13	9	10
35	12	19	4	»	17	19	10
36	12	54	5	»	22	9	9
37	12	89	6	»	26	19	9
38	13	24	7	»	31	9	8
39	13	59	8	»	35	19	8
40	13	94	9	»	40	9	7
50	17	42	10	»	44	19	7
60	20	91	11	»	49	9	6
70	24	39	12	»	53	19	6
80	27	88	13	»	58	9	5
90	31	36	14	»	62	19	5
100	34	85	15	»	67	9	4
200	69	70	16	»	71	19	4
300	104	55	17	»	76	9	3
400	139	40	18	»	80	19	3
500	174	25	19	»	85	9	2
600	209	10	20	»	89	19	2
700	243	95	21	»	94	9	1
800	278	80	22	»	98	19	1
900	313	65	23	»	103	9	»
1000	348	50	24	»	107	19	»

ONCES

NOUV. à 348 f. 75 c.			ANCIENNE à 108 liv. s. 7 d.				
TITRES.	VALEURS.		TITRES.		VALEURS.		
Millièm.	Francs.	Cent.	Karats.	32emes	Livres.	Sols.	Den.
1	»	34	»	1	»	2	9
2	»	69	»	2	»	5	7
3	1	04	»	3	»	8	5
4	1	39	»	4	»	11	3
5	1	74	»	5	»	14	»
6	2	09	»	6	»	16	10
7	2	44	»	7	»	19	8
8	2	79	»	8	1	2	6
9	3	13	»	9	1	5	3
10	3	48	»	10	1	8	1
11	3	83	»	11	1	10	11
12	4	18	»	12	1	13	9
13	4	53	»	13	1	16	6
14	4	88	»	14	1	19	4
15	5	23	»	15	2	2	2
16	5	58	»	16	2	5	»
17	5	92	»	17	2	7	9
18	6	27	»	18	2	10	7
19	6	62	»	19	2	13	5
20	6	97	»	20	2	16	3
21	7	32	»	21	2	19	»
22	7	67	»	22	3	1	10
23	8	02	»	23	3	4	8
24	8	37	»	24	3	7	6
25	8	71	»	25	3	10	3
26	9	06	»	26	3	13	1
27	9	41	»	27	3	15	11
28	9	76	»	28	3	18	9
29	10	11	»	29	4	1	7
30	10	46	»	30	4	4	4
31	10	81	»	31	4	7	2
32	11	16	1	»	4	10	»
33	11	50	2	»	9	»	»
34	11	85	3	»	13	10	»
35	12	20	4	»	18	»	1
36	12	55	5	»	22	10	1
37	12	90	6	»	27	»	1
38	13	25	7	»	31	10	2
39	13	60	8	»	36	»	2
40	13	95	9	»	40	10	2
50	17	43	10	»	45	»	2
60	20	92	11	»	49	10	3
70	24	41	12	»	54	»	3
80	27	90	13	»	58	10	3
90	31	38	14	»	63	»	4
100	34	87	15	»	67	10	4
200	69	75	16	»	72	»	4
300	104	62	17	»	76	10	4
400	139	50	18	»	81	»	5
500	174	37	19	»	85	10	5
600	209	25	20	»	90	»	5
700	244	12	21	»	94	10	6
800	279	00	22	»	99	»	6
900	313	87	23	»	103	10	6
1000	348	75	24	»	108	»	7

ONCES							
NOUV. à 349 f.			ANCIENNE à 108 liv. 2 s. 1 d.				
TITRES.	VALEURS.		TITRES.		VALEURS.		
Millièm.	Francs.	Cent.	Karats.	32emes	Livres.	Sols.	Den.
1	»	34	»	1	»	2	9
2	»	69	»	2	»	5	7
3	1	04	»	3	»	8	5
4	1	39	»	4	»	11	3
5	1	74	»	5	»	14	»
6	2	09	»	6	»	16	10
7	2	44	»	7	»	19	8
8	2	79	»	8	1	2	6
9	3	14	»	9	1	5	4
10	3	49	»	10	1	8	1
11	3	83	»	11	1	16	11
12	4	18	»	12	1	13	9
13	4	53	»	13	1	16	7
14	4	88	»	14	1	19	4
15	5	23	»	15	2	2	2
16	5	58	»	16	2	5	»
17	5	93	»	17	2	7	10
18	6	28	»	18	2	10	8
19	6	63	»	19	2	13	5
20	6	98	»	20	2	16	3
21	7	32	»	21	2	19	1
22	7	67	»	22	3	1	11
23	8	02	»	23	3	4	8
24	8	37	»	24	3	7	6
25	8	72	»	25	3	10	4
26	9	07	»	26	3	13	2
27	9	42	»	27	3	16	»
28	9	77	»	28	3	18	9
29	10	12	»	29	4	1	7
30	10	47	»	30	4	4	5
31	10	81	»	31	4	7	3
32	11	16	1	»	4	10	1
33	11	51	2	»	9	»	2
34	11	86	3	»	13	10	3
35	12	21	4	»	18	»	4
36	12	55	5	»	22	10	5
37	12	91	6	»	27	»	6
38	13	26	7	»	31	10	7
39	13	61	8	»	36	»	8
40	13	96	9	»	40	10	9
50	17	45	10	»	45	»	10
60	20	94	11	»	49	10	11
70	24	43	12	»	54	1	»
80	27	92	13	»	58	11	1
90	31	41	14	»	63	1	2
100	34	90	15	»	67	11	3
200	69	80	16	»	72	1	4
300	104	70	17	»	76	11	5
400	139	60	18	»	81	1	6
500	174	50	19	»	85	11	7
600	209	40	20	»	90	1	8
700	244	30	21	»	94	11	9
800	279	20	22	»	99	1	10
900	314	10	23	»	103	11	11
1000	349	00	24	»	108	2	1

ONCES							
NOUV. à 349 f. 25 c.			ANCIENNE à 108 liv. 3 s. 8 d.				
TITRES.	VALEURS.		TITRES.		VALEURS.		
Millièm.	Francs.	Cent.	Karats.	32emes	Livres.	Sols.	Den.
1	»	34	»	1	»	2	9
2	»	69	»	2	»	5	7
3	1	04	»	3	»	8	5
4	1	39	»	4	»	11	3
5	1	74	»	5	»	14	1
6	2	09	»	6	»	16	10
7	2	44	»	7	»	19	8
8	2	79	»	8	1	2	6
9	3	14	»	9	1	5	4
10	3	49	»	10	1	8	2
11	3	84	»	11	1	10	11
12	4	19	»	12	1	13	9
13	4	54	»	13	1	16	7
14	4	88	»	14	1	19	5
15	5	23	»	15	2	2	3
16	5	58	»	16	2	5	»
17	5	93	»	17	2	7	10
18	6	28	»	18	2	10	8
19	6	63	»	19	2	13	6
20	6	98	»	20	2	16	4
21	7	33	»	21	2	19	1
22	7	68	»	22	3	1	11
23	8	03	»	23	3	4	9
24	8	38	»	24	3	7	7
25	8	73	»	25	3	10	5
26	9	08	»	26	3	13	2
27	9	42	»	27	3	16	»
28	9	77	»	28	3	18	10
29	10	12	»	29	4	1	8
30	10	47	»	30	4	4	6
31	10	82	»	31	4	7	4
32	11	17	1	»	4	10	1
33	11	52	2	»	9	»	3
34	11	87	3	»	13	10	5
35	12	22	4	»	18	»	7
36	12	57	5	»	22	10	9
37	12	92	6	»	27	»	11
38	13	27	7	»	31	11	»
39	13	62	8	»	36	1	2
40	13	97	9	»	40	11	4
50	17	46	10	»	45	1	6
60	20	95	11	»	49	11	8
70	24	44	12	»	54	1	10
80	27	94	13	»	58	11	11
90	31	43	14	»	63	2	1
100	34	92	15	»	67	12	3
200	69	85	16	»	72	2	5
300	104	77	17	»	76	12	7
400	139	70	18	»	81	2	9
500	174	62	19	»	85	12	10
600	209	55	20	»	90	3	»
700	244	47	21	»	94	13	2
800	279	40	22	»	99	3	4
900	314	32	23	»	103	13	6
1000	349	25	24	»	108	3	8

ONCES									
NOUV. à 349 f. 50 c.			ANCIENNE à 108 liv. 5 s. 3 d.						
TITRES.	VALEURS.		TITRES.		VALEURS.				
Millièm.	Francs.	Cent.	Karats.	32emes	Livres.	Sols.	Den.		
1	»	34	»	1	»	2	9		
2	»	69	»	2	»	5	7		
3	1	04	»	3	»	8	5		
4	1	39	»	4	»	11	3		
5	1	74	»	5	»	14	1		
6	2	09	»	6	»	16	10		
7	2	44	»	7	»	19	8		
8	2	79	»	8	1	2	6		
9	3	14	»	9	1	5	4		
10	3	49	»	10	1	8	2		
11	3	84	»	11	1	11	»		
12	4	19	»	12	1	13	9		
13	4	54	»	13	1	16	7		
14	4	89	»	14	1	19	5		
15	5	24	»	15	2	2	3		
16	5	59	»	16	2	5	1		
17	5	94	»	17	2	7	11		
18	6	29	»	18	2	10	8		
19	6	64	»	19	2	13	6		
20	6	99	»	20	2	16	4		
21	7	33	»	21	2	19	2		
22	7	68	»	22	3	2	»		
23	8	03	»	23	3	4	10		
24	8	38	»	24	3	7	7		
25	8	73	»	25	3	10	5		
26	9	08	»	26	3	13	3		
27	9	43	»	27	3	16	1		
28	9	78	»	28	3	18	11		
29	10	13	»	29	4	1	9		
30	10	48	»	30	4	4	6		
31	10	83	»	31	4	7	4		
32	11	18	1	»	4	10	2		
33	11	53	2	»	9	»	5		
34	11	88	3	»	13	10	7		
35	12	23	4	»	18	»	10		
36	12	58	5	»	22	11	1		
37	12	93	6	»	27	1	3		
38	13	28	7	»	31	11	6		
39	13	63	8	»	36	1	9		
40	13	98	9	»	40	11	11		
50	17	47	10	»	45	2	2		
60	20	97	11	»	49	12	4		
70	24	46	12	»	54	2	7		
80	27	96	13	»	58	12	10		
90	31	45	14	»	63	3	»		
100	34	95	15	»	67	13	3		
200	69	90	16	»	72	3	6		
300	104	85	17	»	76	13	8		
400	139	80	18	»	81	3	11		
500	174	75	19	»	85	14	1		
600	209	70	20	»	90	4	4		
700	244	65	21	»	94	14	7		
800	279	60	22	»	99	4	9		
900	314	55	23	»	103	15	»		
1000	349	50	24	»	108	5	3		

ONCES							
NOUV. à 349 f. 75 c.			ANCIENNE à 108 liv. 6 s. 9 d.				
TITRES.	VALEURS.		TITRES.		VALEURS.		
Millièm.	Francs.	Cent.	Karats.	32emes	Livres.	Sols.	Den.
1	»	34	»	1	»	2	9
2	»	69	»	2	»	5	7
3	1	04	»	3	»	8	5
4	1	39	»	4	»	11	3
5	1	74	»	5	»	14	1
6	2	09	»	6	»	16	11
7	2	44	»	7	»	19	8
8	2	79	»	8	1	2	6
9	3	14	»	9	1	5	4
10	3	49	»	10	1	8	2
11	3	84	»	11	1	11	»
12	4	19	»	12	1	13	10
13	4	54	»	13	1	16	8
14	4	89	»	14	1	19	5
15	5	24	»	15	2	2	3
16	5	59	»	16	2	5	1
17	5	94	»	17	2	7	11
18	6	29	»	18	2	10	9
19	6	64	»	19	2	13	7
20	6	99	»	20	2	16	5
21	7	34	»	21	2	19	2
22	7	69	»	22	3	2	»
23	8	04	»	23	3	4	10
24	8	39	»	24	3	7	8
25	8	74	»	25	3	10	6
26	9	09	»	26	3	13	4
27	9	44	»	27	3	16	2
28	9	79	»	28	3	18	11
29	10	14	»	29	4	1	9
30	10	49	»	30	4	4	7
31	10	84	»	31	4	7	5
32	11	19	1	»	4	10	3
33	11	54	2	»	9	»	6
34	11	89	3	»	13	10	10
35	12	24	4	»	18	1	1
36	12	59	5	»	22	11	4
37	12	94	6	»	27	1	8
38	13	29	7	»	31	11	11
39	13	64	8	»	36	2	3
40	13	99	9	»	40	12	6
50	17	48	10	»	45	2	9
60	20	98	11	»	49	13	1
70	24	48	12	»	54	3	4
80	27	98	13	»	58	13	7
90	31	47	14	»	63	3	11
100	34	97	15	»	67	14	2
200	69	95	16	»	72	4	6
300	104	92	17	»	76	14	9
400	139	90	18	»	81	5	»
500	174	87	19	»	85	15	4
600	209	85	20	»	90	5	7
700	244	82	21	»	94	15	10
800	279	80	22	»	99	6	2
900	314	17	23	»	103	16	5
1000	349	75	24	»	108	6	9

ONCES								ONCES							
NOUVELLE à 350f.			ANCIENNE à 108 liv. 8 s. 4 d.					NOUV. à 350 f. 25 c.			ANCIENNE à 108 liv. 9 s. 10 d.				
TITRES.	VALEURS.		TITRES.		VALEURS.			TITRES.	VALEURS.		TITRES.		VALEURS.		
Milliém.	Francs.	Cent.	Karats.	32èmes	Livres.	Sols.	Den.	Milliém.	Francs.	Cent.	Karats.	32èmes	Livres.	Sols.	Den.
1	»	35	»	1	»	2	9	1	»	35	»	1	»	2	9
2	»	70	»	2	»	5	7	2	»	70	»	2	»	5	7
3	1	05	»	3	»	8	5	3	1	05	»	3	»	8	5
4	1	40	»	4	»	11	3	4	1	40	»	4	»	11	3
5	1	75	»	5	»	14	1	5	1	75	»	5	»	14	1
6	2	10	»	6	»	16	11	6	2	10	»	6	»	16	11
7	2	45	»	7	»	19	9	7	2	45	»	7	»	19	9
8	2	80	»	8	1	2	7	8	2	80	»	8	1	2	7
9	3	15	»	9	1	5	4	9	3	15	»	9	1	5	5
10	3	50	»	10	1	8	2	10	3	50	»	10	1	8	3
11	3	85	»	11	1	11	»	11	3	85	»	11	1	11	»
12	4	20	»	12	1	13	10	12	4	20	»	12	1	13	10
13	4	55	»	13	1	16	8	13	4	55	»	13	1	16	8
14	4	90	»	14	1	19	6	14	4	90	»	14	1	19	6
15	5	25	»	15	2	2	4	15	5	25	»	15	2	2	4
16	5	60	»	16	2	5	2	16	5	60	»	16	2	5	2
17	5	95	»	17	2	7	11	17	5	95	»	17	2	8	»
18	6	30	»	18	2	10	9	18	6	30	»	18	2	10	10
19	6	65	»	19	2	13	7	19	6	65	»	19	2	13	8
20	7	00	»	20	2	16	5	20	7	00	»	20	2	16	6
21	7	35	»	21	2	19	3	21	7	35	»	21	2	19	3
22	7	70	»	22	3	2	1	22	7	70	»	22	3	2	1
23	8	05	»	23	3	4	11	23	8	05	»	23	3	4	11
24	8	40	»	24	3	7	9	24	8	40	»	24	3	7	9
25	8	75	»	25	3	10	7	25	8	75	»	25	3	10	7
26	9	10	»	26	3	13	4	26	9	10	»	26	3	13	5
27	9	45	»	27	3	16	2	27	9	45	»	27	3	16	3
28	9	80	»	28	3	19	»	28	9	80	»	28	3	19	1
29	10	15	»	29	4	1	10	29	10	15	»	29	4	1	11
30	10	50	»	30	4	4	8	30	10	50	»	30	4	4	9
31	10	85	»	31	4	7	6	31	10	85	»	31	4	7	7
32	11	20	1	»	4	10	4	32	11	20	1	»	4	10	4
33	11	55	2	»	9	»	8	33	11	55	2	»	9	»	9
34	11	90	3	»	13	11	»	34	11	90	3	»	13	11	2
35	12	25	4	»	18	1	4	35	12	25	4	»	18	1	7
36	12	60	5	»	22	11	8	36	12	60	5	»	22	12	»
37	12	95	6	»	27	2	1	37	12	95	6	»	27	2	5
38	13	30	7	»	31	12	5	38	13	30	7	»	31	12	10
39	13	65	8	»	36	2	9	39	13	65	8	»	36	3	3
40	14	00	9	»	40	13	1	40	14	01	9	»	40	13	8
50	17	50	10	»	45	3	5	50	17	51	10	»	45	4	1
60	21	00	11	»	49	13	9	60	21	01	11	»	49	14	6
70	24	50	12	»	54	4	2	70	24	51	12	»	54	4	11
80	28	00	13	»	58	14	6	80	28	02	13	»	58	15	3
90	31	50	14	»	63	4	10	90	31	52	14	»	63	5	8
100	35	00	15	»	67	15	2	100	35	02	15	»	67	16	1
200	70	00	16	»	72	5	6	200	70	05	16	»	72	6	6
300	105	00	17	»	76	15	10	300	105	07	17	»	76	16	11
400	140	00	18	»	81	6	3	400	140	10	18	»	81	7	4
500	175	00	19	»	85	16	7	500	175	12	19	»	85	17	9
600	210	00	20	»	90	6	11	600	210	15	20	»	90	8	2
700	245	00	21	»	94	17	3	700	245	17	21	»	94	18	7
800	280	00	22	»	99	7	7	800	280	20	22	»	99	9	»
900	315	00	23	»	103	17	11	900	315	22	23	»	103	19	5
1000	356	00	24	»	108	8	4	1000	350	25	24	»	108	9	10

ONCES							
NOUV. à 350 f. 50 c.			ANCIENNE à 108 liv. 11 s. 5 d.				
TITRES.	VALEURS.		TITRES.		VALEURS.		
Millièm.	Francs.	Cent.	Karats.	32èmes	Livres.	Sols.	Den.
1	»	35	»	1	»	2	9
2	»	70	»	2	»	5	7
3	1	05	»	3	»	8	5
4	1	40	»	4	»	11	3
5	1	75	»	5	»	14	1
6	2	10	»	6	»	16	11
7	2	45	»	7	»	19	9
8	2	80	»	8	1	2	7
9	3	15	»	9	1	5	5
10	3	50	»	10	1	8	3
11	3	85	»	11	1	11	1
12	4	20	»	12	1	13	11
13	4	55	»	13	1	16	9
14	4	90	»	14	1	19	6
15	5	25	»	15	2	2	4
16	5	60	»	16	2	5	2
17	5	95	»	17	2	8	»
18	6	30	»	18	2	10	10
19	6	65	»	19	2	13	8
20	7	01	»	20	2	16	6
21	7	36	»	21	2	19	4
22	7	71	»	22	3	2	2
23	8	06	»	23	3	5	»
24	8	41	»	24	3	7	10
25	8	76	»	25	3	10	8
26	9	11	»	26	3	13	6
27	9	46	»	27	3	16	4
28	9	81	»	28	3	19	1
29	10	16	»	29	4	1	11
30	10	51	»	30	4	4	9
31	10	86	»	31	4	7	7
32	11	21	1	»	4	10	5
33	11	56	2	»	9	»	11
34	11	91	3	»	13	11	5
35	12	26	4	»	18	1	10
36	12	61	5	»	22	12	4
37	12	96	6	»	27	2	10
38	13	31	7	»	31	13	3
39	13	66	8	»	36	3	9
40	14	02	9	»	40	14	3
50	17	52	10	»	45	4	9
60	21	03	11	»	49	15	2
70	24	53	12	»	54	5	8
80	28	04	13	»	58	16	2
90	31	54	14	»	63	6	7
100	35	05	15	»	67	17	1
200	70	10	16	»	72	7	7
300	105	15	17	»	76	18	1
400	140	20	18	»	81	8	6
500	175	25	19	»	85	19	»
600	210	30	20	»	90	9	6
700	245	35	21	»	94	19	11
800	280	40	22	»	99	10	5
900	315	45	23	»	104	»	11
1000	350	50	24	»	108	11	5

ONCES							
NOUV. à 350 f. 75 c.			ANCIENNE à 108 liv. 13 s. d.				
TITRES.	VALEURS.		TITRES.		VALEURS.		
Millièm.	Francs.	Cent.	Karats.	32èmes	Livres.	Sols.	Den.
1	»	35	»	1	»	2	9
2	»	70	»	2	»	5	7
3	1	05	»	3	»	8	5
4	1	40	»	4	»	11	3
5	1	75	»	5	»	14	1
6	2	10	»	6	»	16	11
7	2	45	»	7	»	19	9
8	2	80	»	8	1	2	7
9	3	15	»	9	1	5	5
10	3	50	»	10	1	8	3
11	3	85	»	11	1	11	1
12	4	20	»	12	1	13	11
13	4	56	»	13	1	16	9
14	4	91	»	14	1	19	7
15	5	26	»	15	2	2	5
16	5	61	»	16	2	5	3
17	5	96	»	17	2	8	1
18	6	31	»	18	2	10	11
19	6	66	»	19	2	13	9
20	7	01	»	20	2	16	7
21	7	36	»	21	2	19	5
22	7	71	»	22	3	2	2
23	8	06	»	23	3	5	»
24	8	41	»	24	3	7	10
25	8	76	»	25	3	10	8
26	9	11	»	26	3	13	6
27	9	46	»	27	3	16	4
28	9	81	»	28	3	19	2
29	10	16	»	29	4	2	»
30	10	51	»	30	4	4	10
31	10	86	»	31	4	7	8
32	11	21	1	»	4	10	6
33	11	56	2	»	9	1	1
34	11	91	3	»	13	11	7
35	12	26	4	»	18	2	2
36	12	62	5	»	22	12	8
37	12	97	6	»	27	3	3
38	13	32	7	»	31	13	9
39	13	67	8	»	36	4	4
40	14	03	9	»	40	14	10
50	17	53	10	»	45	5	5
60	21	04	11	»	49	15	11
70	24	55	12	»	54	6	6
80	28	06	13	»	58	17	»
90	31	56	14	»	63	7	7
100	35	07	15	»	67	18	1
200	70	15	16	»	72	8	8
300	105	22	17	»	76	19	2
400	140	30	18	»	81	9	9
500	175	37	19	»	86	»	3
600	210	45	20	»	90	10	10
700	245	52	21	»	95	1	4
800	280	60	22	»	99	11	11
900	315	67	23	»	104	2	5
1000	350	75	24	»	108	13	»

ONCES								ONCES							
NOUV. à 351 f.			ANCIENNE à 108 liv. 14 s. 6 d.					NOUV. à 351 f. 25 c.			ANCIENNE à 108 liv. 16 s. 1 d.				
TITRES.	VALEURS.		TITRES.		VALEURS.			TITRES.	VALEURS.		TITRES.		VALEURS.		
Milliém.	Francs.	Cent.	Karats.	32emes	Livres.	Sols.	Den.	Milliém.	Francs.	Cent.	Karats.	32emes	Livres.	Sols.	Den.
1	»	35	»	1	»	2	9	1	»	35	»	1	»	2	10
2	»	70	»	2	»	5	7	2	»	70	»	2	»	5	8
3	1	05	»	3	»	8	5	3	1	05	»	3	»	8	6
4	1	40	»	4	»	11	3	4	1	40	»	4	»	11	4
5	1	75	»	5	»	14	1	5	1	75	»	5	»	14	2
6	2	10	»	6	»	16	11	6	2	10	»	6	»	17	»
7	2	45	»	7	»	19	9	7	2	45	»	7	»	19	10
8	2	80	»	8	1	2	7	8	2	81	»	8	1	2	8
9	3	15	»	9	1	5	5	9	3	16	»	9	1	5	6
10	3	51	»	10	1	8	3	10	3	51	»	10	1	8	4
11	3	86	»	11	1	11	1	11	3	86	»	11	1	11	2
12	4	21	»	12	1	13	11	12	4	21	»	12	1	14	»
13	4	56	»	13	1	16	9	13	4	56	»	13	1	16	10
14	4	91	»	14	1	19	7	14	4	91	»	14	1	19	8
15	5	26	»	15	2	2	5	15	5	26	»	15	2	2	6
16	5	61	»	16	2	5	3	16	5	62	»	16	2	5	4
17	5	96	»	17	2	8	1	17	5	97	»	17	2	8	2
18	6	31	»	18	2	10	11	18	6	32	»	18	2	11	»
19	6	66	»	19	2	13	9	19	6	67	»	19	2	13	10
20	7	02	»	20	2	16	7	20	7	02	»	20	2	16	8
21	7	37	»	21	2	19	5	21	7	37	»	21	2	19	6
22	7	72	»	22	3	2	3	22	7	72	»	22	3	2	4
23	8	07	»	23	3	5	1	23	8	07	»	23	3	5	2
24	8	42	»	24	3	7	11	24	8	43	»	24	3	8	»
25	8	77	»	25	3	10	9	25	8	78	»	25	3	10	10
26	9	12	»	26	3	13	7	26	9	13	»	26	3	13	8
27	9	47	»	27	3	16	5	27	9	48	»	27	3	16	6
28	9	82	»	28	3	19	3	28	9	83	»	28	3	19	4
29	10	17	»	29	4	2	1	29	10	18	»	29	4	2	2
30	10	53	»	30	4	4	11	30	10	53	»	30	4	5	»
31	10	88	»	31	4	7	9	31	10	88	»	31	4	7	10
32	11	23	1	»	4	10	7	32	11	24	1	»	4	10	8
33	11	58	2	»	9	1	2	33	11	59	2	»	9	1	4
34	11	93	3	»	13	11	9	34	11	94	3	»	13	12	»
35	12	28	4	»	18	2	5	35	12	29	4	»	18	2	8
36	12	63	5	»	22	13	»	36	12	64	5	»	22	13	4
37	12	98	6	»	27	3	7	37	12	99	6	»	27	4	»
38	13	33	7	»	31	14	2	38	13	34	7	»	31	14	8
39	13	68	8	»	36	4	10	39	13	69	8	»	36	5	4
40	14	04	9	»	40	15	5	40	14	05	9	»	40	16	»
50	17	55	10	»	45	6	»	50	17	56	10	»	45	6	8
60	21	06	11	»	49	16	7	60	21	07	11	»	49	17	4
70	24	57	12	»	54	7	3	70	24	58	12	»	54	8	»
80	28	08	13	»	58	17	10	80	28	10	13	»	58	18	8
90	31	59	14	»	63	8	5	90	31	61	14	»	63	9	4
100	35	10	15	»	67	19	»	100	35	12	15	»	68	»	»
200	70	20	16	»	72	9	8	200	70	25	16	»	72	10	8
300	105	30	17	»	77	»	3	300	105	37	17	»	77	1	4
400	140	40	18	»	81	10	10	400	140	50	18	»	81	12	»
500	175	50	19	»	86	1	5	500	175	62	19	»	86	2	8
600	210	60	20	»	90	12	1	600	210	75	20	»	90	13	4
700	245	70	21	»	95	2	8	700	245	87	21	»	95	4	»
800	280	80	22	»	99	13	3	800	281	00	22	»	99	14	8
900	315	90	23	»	104	3	10	900	316	12	23	»	104	5	4
1000	351	00	24	»	108	14	6	1000	351	25	24	»	108	16	1

ONCES							
NOUV. à 351 f. 50 c.			ANCIENNE à 108 liv. 17 s. 7 d.				
TITRES.	VALEURS.		TITRES.		VALEURS.		
Milliém.	Francs.	Cent.	Karats.	32emes	Livres.	Sols.	Den.
1	»	35	»	1	»	2	10
2	»	70	»	2	»	5	8
3	1	05	»	3	»	8	6
4	1	40	»	4	»	11	4
5	1	75	»	5	»	14	2
6	2	10	»	6	»	17	»
7	2	46	»	7	»	19	10
8	2	81	»	8	1	2	8
9	3	16	»	9	1	5	6
10	3	51	»	10	1	8	4
11	3	86	»	11	1	11	2
12	4	21	»	12	1	14	»
13	4	56	»	13	1	16	10
14	4	92	»	14	1	19	8
15	5	27	»	15	2	2	6
16	5	62	»	16	2	5	4
17	5	97	»	17	2	8	2
18	6	32	»	18	2	11	»
19	6	67	»	19	2	13	10
20	7	03	»	20	2	16	8
21	7	38	»	21	2	19	6
22	7	73	»	22	3	2	4
23	8	08	»	23	3	5	2
24	8	43	»	24	3	8	»
25	8	78	»	25	3	10	10
26	9	13	»	26	3	13	8
27	9	49	»	27	3	16	6
28	9	84	»	28	3	19	4
29	10	19	»	29	4	2	2
30	10	54	»	30	4	5	»
31	10	89	»	31	4	7	10
32	11	24	1	»	4	10	8
33	11	59	2	»	9	1	5
34	11	95	3	»	13	12	2
35	12	30	4	»	18	2	11
36	12	65	5	»	22	13	7
37	13	00	6	»	27	4	4
38	13	35	7	»	31	15	1
39	13	70	8	»	36	5	10
40	14	06	9	»	40	16	7
50	17	57	10	»	45	7	3
60	21	09	11	»	49	18	»
70	24	60	12	»	54	8	9
80	28	12	13	»	58	19	6
90	31	63	14	»	63	10	3
100	35	15	15	»	68	»	11
200	70	30	16	»	72	11	8
300	105	45	17	»	77	2	5
400	140	60	18	»	81	13	2
500	175	75	19	»	86	3	11
600	210	90	20	»	90	14	7
700	246	05	21	»	95	5	4
800	281	20	22	»	99	16	1
900	316	35	23	»	104	6	10
1000	351	50	24	»	108	17	7

ONCES							
NOUV. à 351 f. 75 c.			ANCIENNE à 108 liv. 19 s. 2 d.				
TITRES.	VALEURS.		TITRES.		VALEURS.		
Milliém.	Francs.	Cent.	Karats.	32emes	Livres.	Sols.	Den.
1	»	35	»	1	»	2	10
2	»	70	»	2	»	5	8
3	1	05	»	3	»	8	6
4	1	40	»	4	»	11	4
5	1	75	»	5	»	14	2
6	2	11	»	6	»	17	»
7	2	46	»	7	»	19	10
8	2	81	»	8	1	2	8
9	3	16	»	9	1	5	6
10	3	51	»	10	1	8	4
11	3	86	»	11	1	11	2
12	4	22	»	12	1	14	»
13	4	57	»	13	1	16	10
14	4	92	»	14	1	19	8
15	5	27	»	15	2	2	6
16	5	62	»	16	2	5	4
17	5	97	»	17	2	8	2
18	6	33	»	18	2	11	»
19	6	68	»	19	2	13	10
20	7	03	»	20	2	16	8
21	7	38	»	21	2	19	7
22	7	73	»	22	3	2	5
23	8	09	»	23	3	5	3
24	8	44	»	24	3	8	1
25	8	79	»	25	3	10	11
26	9	14	»	26	3	13	9
27	9	49	»	27	3	16	7
28	9	84	»	28	3	19	5
29	10	20	»	29	4	2	3
30	10	55	»	30	4	5	1
31	10	90	»	31	4	7	11
32	11	25	1	»	4	10	9
33	11	60	2	»	9	1	7
34	11	95	3	»	13	12	4
35	12	31	4	»	18	3	2
36	12	66	5	»	22	13	11
37	13	01	6	»	27	4	9
38	13	36	7	»	31	15	7
39	13	71	8	»	36	6	4
40	14	07	9	»	40	17	2
50	17	58	10	»	45	7	11
60	21	10	11	»	49	18	9
70	24	62	12	»	54	9	7
80	28	14	13	»	59	»	4
90	31	65	14	»	63	11	2
100	35	17	15	»	68	1	11
200	70	35	16	»	72	12	9
300	105	52	17	»	77	3	6
400	140	70	18	»	81	14	4
500	175	87	19	»	86	5	2
600	211	05	20	»	90	15	11
700	246	22	21	»	95	6	9
800	281	40	22	»	99	17	6
900	316	57	23	»	104	8	4
1000	351	75	24	»	108	19	2

ONCES								ONCES							
NOUVELLE à 352 f.			ANCIENNE à 109 liv. s. 8 d.					NOUV. à 352 f. 25 c.			ANCIENNE à 109 liv. 2 s. 3 d.				
TITRES.	VALEURS.		TITRES.		VALEURS.			TITRES.	VALEURS.		TITRES.		VALEURS.		
Millièm.	Francs.	Cent.	Karats.	32emes	Livres.	Sols.	Den.	Millièm.	Francs.	Cent.	Karats.	32emes	Livres.	Sols.	Den.
1	»	35	»	1	»	2	10	1	»	35	»	1	»	2	10
2	»	70	»	2	»	5	8	2	»	70	»	2	»	5	8
3	1	05	»	3	»	8	6	3	1	05	»	3	»	8	6
4	1	40	»	4	»	11	4	4	1	40	»	4	»	11	4
5	1	76	»	5	»	14	2	5	1	76	»	5	»	14	2
6	2	11	»	6	»	17	»	6	2	11	»	6	»	17	»
7	2	46	»	7	»	19	10	7	2	46	»	7	»	19	10
8	2	81	»	8	1	2	8	8	2	81	»	8	1	2	8
9	3	16	»	9	1	5	6	9	3	17	»	9	1	5	6
10	3	52	»	10	1	8	4	10	3	52	»	10	1	8	4
11	3	87	»	11	1	11	2	11	3	87	»	11	1	11	3
12	4	22	»	12	1	14	»	12	4	22	»	12	1	14	1
13	4	57	»	13	1	16	10	13	4	57	»	13	1	16	11
14	4	92	»	14	1	19	9	14	4	93	»	14	1	19	9
15	5	28	»	15	2	2	7	15	5	28	»	15	2	2	7
16	5	63	»	16	2	5	5	16	5	63	»	16	2	5	5
17	5	98	»	17	2	8	3	17	5	98	»	17	2	8	3
18	6	33	»	18	2	11	1	18	6	34	»	18	2	11	1
19	6	68	»	19	2	13	11	19	6	69	»	19	2	13	11
20	7	04	»	20	2	16	9	20	7	04	»	20	2	16	9
21	7	39	»	21	2	19	7	21	7	39	»	21	2	19	8
22	7	74	»	22	3	2	5	22	7	74	»	22	3	2	6
23	8	09	»	23	3	5	3	23	8	10	»	23	3	5	4
24	8	44	»	24	3	8	1	24	8	45	»	24	3	8	2
25	8	80	»	25	3	10	11	25	8	80	»	25	3	11	»
26	9	15	»	26	3	13	9	26	9	15	»	26	3	13	10
27	9	50	»	27	3	16	7	27	9	51	»	27	3	16	8
28	9	85	»	28	3	19	6	28	9	86	»	28	3	19	6
29	10	20	»	29	4	2	4	29	10	21	»	29	4	2	4
30	10	56	»	30	4	5	2	30	10	56	»	30	4	5	2
31	10	91	»	31	4	8	»	31	10	91	»	31	4	8	1
32	11	26	1	»	4	10	10	32	11	27	1	»	4	10	11
33	11	61	2	»	9	1	8	33	11	62	2	»	9	1	10
34	11	96	3	»	13	12	7	34	11	97	3	»	13	12	9
35	12	32	4	»	18	3	5	35	12	32	4	»	18	3	8
36	12	67	5	»	22	14	3	36	12	68	5	»	22	14	7
37	13	02	6	»	27	5	2	37	13	03	6	»	27	5	6
38	13	37	7	»	31	16	»	38	13	38	7	»	31	16	5
39	13	72	8	»	36	6	10	39	13	73	8	»	36	7	5
40	14	08	9	»	40	17	9	40	14	09	9	»	40	18	4
50	17	60	10	»	45	8	7	50	17	61	10	»	45	9	3
60	21	12	11	»	49	19	5	60	21	13	11	»	50	»	2
70	24	64	12	»	54	10	4	70	24	65	12	»	54	11	1
80	28	16	13	»	59	1	2	80	28	18	13	»	59	2	»
90	31	68	14	»	63	12	»	90	31	70	14	»	63	12	11
100	35	20	15	»	68	2	11	100	35	22	15	»	68	3	10
200	70	40	16	»	72	13	9	200	70	45	16	»	72	14	10
300	105	60	17	»	77	4	7	300	105	67	17	»	77	5	9
400	140	80	18	»	81	15	6	400	140	90	18	»	81	16	8
500	176	00	19	»	86	6	4	500	176	12	19	»	86	7	7
600	211	20	20	»	90	17	2	600	211	35	20	»	90	18	6
700	246	40	21	»	95	8	1	700	246	57	21	»	95	9	5
800	281	60	22	»	99	18	11	800	281	80	22	»	100	»	4
900	316	80	23	»	104	9	9	900	317	02	23	»	104	11	3
1000	352	00	24	»	109	»	8	1000	352	25	24	»	109	2	3

ONCES							
NOUV. à 352 f. 50 c.			ANCIENNE à 109 liv. 3 s. 10 d.				
TITRES.	VALEURS.		TITRES.		VALEURS.		
Millièm.	Francs.	Cent.	Karats.	32emes	Livres.	Sols.	Den.
1	»	35	»	1	»	2	10
2	»	70	»	2	»	5	8
3	1	05	»	3	»	8	6
4	1	41	»	4	»	11	4
5	1	76	»	5	»	14	2
6	2	11	»	6	»	17	»
7	2	46	»	7	»	19	10
8	2	82	»	8	1	2	8
9	3	17	»	9	1	5	7
10	3	52	»	10	1	8	5
11	3	87	»	11	1	11	3
12	4	23	»	12	1	14	1
13	4	58	»	13	1	16	11
14	4	93	»	14	1	19	9
15	5	28	»	15	2	2	7
16	5	64	»	16	2	5	5
17	5	99	»	17	2	8	4
18	6	34	»	18	2	11	2
19	6	69	»	19	2	14	»
20	7	05	»	20	2	16	10
21	7	40	»	21	2	19	8
22	7	75	»	22	3	2	6
23	8	10	»	23	3	5	4
24	8	46	»	24	3	8	2
25	8	81	»	25	3	11	1
26	9	16	»	26	3	13	11
27	9	51	»	27	3	16	9
28	9	87	»	28	3	19	7
29	10	22	»	29	4	2	5
30	10	57	»	30	4	5	3
31	10	92	»	31	4	8	1
32	11	28	1	»	4	10	11
33	11	63	2	»	9	1	11
34	11	98	3	»	13	12	11
35	12	33	4	»	18	3	11
36	12	69	5	»	22	14	11
37	13	04	6	»	27	5	11
38	13	39	7	»	31	16	11
39	13	74	8	»	36	7	11
40	14	10	9	»	40	18	11
50	17	62	10	»	45	9	11
60	21	15	11	»	50	»	11
70	24	67	12	»	54	11	11
80	28	20	13	»	59	2	10
90	31	72	14	»	63	13	10
100	35	25	15	»	68	4	10
200	70	50	16	»	72	15	10
300	105	75	17	»	77	6	10
400	141	00	18	»	81	17	10
500	176	25	19	»	86	8	10
600	211	50	20	»	90	19	10
700	246	75	21	»	95	10	10
800	282	00	22	»	100	1	10
900	317	25	23	»	104	12	10
1000	352	50	24	»	109	3	10

ONCES							
NOUV. à 352 f. 75 c.			ANCIENNE à 109 liv. 5 s. 4 d.				
TITRES.	VALEURS.		TITRES.		VALEURS.		
Millièm.	Francs.	Cent.	Karats.	32emes	Livres.	Sols.	Den.
1	»	35	»	1	»	2	10
2	»	70	»	2	»	5	8
3	1	05	»	3	»	8	6
4	1	41	»	4	»	11	4
5	1	76	»	5	»	14	2
6	2	11	»	6	»	17	»
7	2	46	»	7	»	19	11
8	2	82	»	8	1	2	9
9	3	17	»	9	1	5	7
10	3	52	»	10	1	8	5
11	3	88	»	11	1	11	3
12	4	23	»	12	1	14	1
13	4	58	»	13	1	16	11
14	4	93	»	14	1	19	10
15	5	29	»	15	2	2	8
16	5	64	»	16	2	5	6
17	5	99	»	17	2	8	4
18	6	34	»	18	2	11	2
19	6	70	»	19	2	14	»
20	7	05	»	20	2	16	10
21	7	40	»	21	2	19	9
22	7	76	»	22	3	2	7
23	8	11	»	23	3	5	5
24	8	46	»	24	3	8	3
25	8	81	»	25	3	11	1
26	9	17	»	26	3	13	11
27	9	52	»	27	3	16	9
28	9	87	»	28	3	19	8
29	10	22	»	29	4	2	6
30	10	58	»	30	4	5	4
31	10	93	»	31	4	8	2
32	11	28	1	»	4	11	»
33	11	64	2	»	9	2	1
34	11	99	3	»	13	13	2
35	12	34	4	»	18	4	2
36	12	69	5	»	22	15	3
37	13	05	6	»	27	6	4
38	13	40	7	»	31	17	4
39	13	75	8	»	36	8	5
40	14	11	9	»	40	19	6
50	17	63	10	»	45	10	6
60	21	16	11	»	50	1	7
70	24	69	12	»	54	12	8
80	28	22	13	»	59	3	8
90	31	74	14	»	63	14	9
100	35	27	15	»	68	5	10
200	70	55	16	»	72	16	10
300	105	82	17	»	77	7	11
400	141	10	18	»	81	19	»
500	176	37	19	»	86	10	»
600	211	65	20	»	91	1	1
700	246	92	21	»	95	12	2
800	282	20	22	»	100	3	2
900	317	47	23	»	104	14	3
1000	352	75	24	»	109	5	4

ONCES								
NOUV. à 353 f.			ANCIENNE à 109 liv. 6 s. 11 d.					
TITRES.	VALEURS.		TITRES.		VALEURS.			
Milliém.	Francs.	Cent.	Karats.	32emes	Livres.	Sols.	Den.
1	»	35	»	1	»	2	10
2	»	70	»	2	»	5	8
3	1	05	»	3	»	8	6
4	1	41	»	4	»	11	4
5	1	76	»	5	»	14	2
6	2	11	»	6	»	17	1
7	2	47	»	7	»	19	11
8	2	82	»	8	1	2	9
9	3	17	»	9	1	5	7
10	3	53	»	10	1	8	5
11	3	88	»	11	1	11	3
12	4	23	»	12	1	14	2
13	4	58	»	13	1	17	»
14	4	94	»	14	1	19	10
15	5	29	»	15	2	2	8
16	5	64	»	16	2	5	6
17	6	00	»	17	2	8	4
18	6	35	»	18	2	11	3
19	6	70	»	19	2	14	1
20	7	06	»	20	2	16	11
21	7	41	»	21	2	19	9
22	7	76	»	22	3	2	7
23	8	11	»	23	3	5	5
24	8	47	»	24	3	8	4
25	8	82	»	25	3	11	2
26	9	17	»	26	3	14	»
27	9	53	»	27	3	16	10
28	9	88	»	28	3	19	8
29	10	23	»	29	4	2	6
30	10	59	»	30	4	5	5
31	10	94	»	31	4	8	3
32	11	29	1	»	4	11	1
33	11	64	2	»	9	2	2
34	12	00	3	»	13	13	4
35	12	35	4	»	18	4	5
36	12	70	5	»	22	15	7
37	13	06	6	»	27	6	8
38	13	41	7	»	31	17	10
39	13	76	8	»	36	8	11
40	14	12	9	»	41	»	1
50	17	65	10	»	45	11	2
60	21	18	11	»	50	2	4
70	24	71	12	»	54	13	5
80	28	24	13	»	59	4	6
90	31	77	14	»	63	15	8
100	35	30	15	»	68	6	9
200	70	60	16	»	72	17	11
300	105	90	17	»	77	9	»
400	141	20	18	»	82	»	2
500	176	50	19	»	86	11	3
600	211	80	20	»	91	2	5
700	247	10	21	»	95	13	6
800	282	40	22	»	100	4	8
900	317	70	23	»	104	15	9
1000	353	00	24	»	109	6	11

ONCES							
NOUV. à 353 f. 25 c.			ANCIENNE à 109 liv. 8 s. 5 d.				
TITRES.	VALEURS.		TITRES.		VALEURS.		
Milliém.	Francs.	Cent.	Karats.	32emes	Livres.	Sols.	Den.
1	»	35	»	1	»	2	10
2	»	70	»	2	»	5	8
3	1	05	»	3	»	8	6
4	1	41	»	4	»	11	4
5	1	76	»	5	»	14	2
6	2	11	»	6	»	17	1
7	2	47	»	7	»	19	11
8	2	82	»	8	1	2	9
9	3	17	»	9	1	5	7
10	3	53	»	10	1	8	5
11	3	88	»	11	1	11	4
12	4	23	»	12	1	14	2
13	4	59	»	13	1	17	»
14	4	94	»	14	1	19	10
15	5	29	»	15	2	2	8
16	5	65	»	16	2	5	7
17	6	00	»	17	2	8	5
18	6	35	»	18	2	11	3
19	6	71	»	19	2	14	1
20	7	06	»	20	2	16	11
21	7	41	»	21	2	19	10
22	7	77	»	22	3	2	8
23	8	12	»	23	3	5	6
24	8	47	»	24	3	8	4
25	8	83	»	25	3	11	2
26	9	18	»	26	3	14	1
27	9	53	»	27	3	16	11
28	9	89	»	28	3	19	9
29	10	24	»	29	4	2	7
30	10	59	»	30	4	5	5
31	10	95	»	31	4	8	4
32	11	30	1	»	4	11	2
33	11	65	2	»	9	2	4
34	12	01	3	»	13	13	6
35	12	36	4	»	18	4	8
36	12	71	5	»	22	15	11
37	13	07	6	»	27	7	1
38	13	42	7	»	31	18	3
39	13	77	8	»	36	9	5
40	14	13	9	»	41	»	7
50	17	66	10	»	45	11	10
60	21	19	11	»	50	3	»
70	24	72	12	»	54	14	2
80	28	26	13	»	59	5	4
90	31	79	14	»	63	16	6
100	35	32	15	»	68	7	9
200	70	65	16	»	72	18	11
300	105	97	17	»	77	10	1
400	141	30	18	»	82	1	3
500	176	62	19	»	86	12	5
600	211	95	20	»	91	3	8
700	247	27	21	»	95	14	10
800	282	60	22	»	100	6	»
900	317	92	23	»	104	17	2
1000	353	25	24	»	109	8	5

ONCES								ONCES							
NOUV. à 353 f. 50 c.			ANCIENNE à 109 liv. 10 s. d.					NOUV. à 353 f. 75 c.			ANCIENNE à 109 liv. 11 s. 7 d.				
TITRES.	VALEURS.		TITRES.		VALEURS.			TITRES.	VALEURS.		TITRES.		VALEURS.		
Millièm.	Francs.	Cent.	Karats.	32emes	Livres.	Sols.	Den.	Millièm.	Francs.	Cent.	Karats.	32emes	Livres.	Sols.	Den.
1	»	35	»	1	»	2	10	1	»	35	»	1	»	2	10
2	»	70	»	2	»	5	8	2	»	70	»	2	»	5	8
3	1	06	»	3	»	8	6	3	1	06	»	3	»	8	6
4	1	41	»	4	»	11	4	4	1	41	»	4	»	11	4
5	1	76	»	5	»	14	3	5	1	76	»	5	»	14	3
6	2	12	»	6	»	17	1	6	2	12	»	6	»	17	1
7	2	47	»	7	»	19	11	7	2	47	»	7	»	19	11
8	2	82	»	8	1	2	9	8	2	83	»	8	1	2	9
9	3	18	»	9	1	5	7	9	3	18	»	9	1	5	8
10	3	53	»	10	1	8	6	10	3	53	»	10	1	8	6
11	3	88	»	11	1	11	4	11	3	89	»	11	1	11	4
12	4	24	»	12	1	14	2	12	4	24	»	12	1	14	2
13	4	59	»	13	1	17	»	13	4	59	»	13	1	17	1
14	4	94	»	14	1	19	11	14	4	95	»	14	1	19	11
15	5	30	»	15	2	2	9	15	5	30	»	15	2	2	9
16	5	65	»	16	2	5	7	16	5	66	»	16	2	5	7
17	6	00	»	17	2	8	5	17	6	01	»	17	2	8	6
18	6	36	»	18	2	11	3	18	6	36	»	18	2	11	4
19	6	71	»	19	2	14	2	19	6	72	»	19	2	14	2
20	7	07	»	20	2	17	»	20	7	07	»	20	2	17	»
21	7	42	»	21	2	19	10	21	7	42	»	21	2	19	11
22	7	77	»	22	3	2	8	22	7	78	»	22	3	2	9
23	8	13	»	23	3	5	7	23	8	13	»	23	3	5	7
24	8	48	»	24	3	8	5	24	8	49	»	24	3	8	5
25	8	83	»	25	3	11	3	25	8	84	»	25	3	11	4
26	9	19	»	26	3	14	1	26	9	19	»	26	3	14	2
27	9	54	»	27	3	16	11	27	9	55	»	27	3	17	»
28	9	89	»	28	3	19	10	28	9	90	»	28	3	19	10
29	10	25	»	29	4	2	8	29	10	25	»	29	4	2	9
30	10	60	»	30	4	5	6	30	10	61	»	30	4	5	7
31	10	95	»	31	4	8	4	31	10	96	»	31	4	8	5
32	11	31	1	»	4	11	3	32	11	32	1	»	4	11	3
33	11	66	2	»	9	2	6	33	11	67	2	»	9	2	7
34	12	01	3	»	13	13	9	34	12	02	3	»	13	13	11
35	12	37	4	»	18	5	»	35	12	38	4	»	18	5	3
36	12	72	5	»	22	16	3	36	12	73	5	»	22	16	6
37	13	07	6	»	27	7	6	37	13	08	6	»	27	7	10
38	13	43	7	»	31	18	9	38	13	44	7	»	31	19	2
39	13	78	8	»	36	10	»	39	13	79	8	»	36	10	6
40	14	14	9	»	41	1	3	40	14	15	9	»	41	1	10
50	17	67	10	»	45	12	6	50	17	68	10	»	45	13	1
60	21	21	11	»	50	3	9	60	21	22	11	»	50	4	5
70	24	74	12	»	54	15	»	70	24	76	12	»	54	15	9
80	28	28	13	»	59	6	3	80	28	30	13	»	59	7	1
90	31	81	14	»	63	17	6	90	31	83	14	»	63	18	5
100	35	35	15	»	68	8	9	100	35	37	15	»	68	9	8
200	70	70	16	»	73	»	»	200	70	75	16	»	73	1	»
300	106	05	17	»	77	11	3	300	106	12	17	»	77	12	4
400	141	40	18	»	82	2	6	400	141	50	18	»	82	3	8
500	176	75	19	»	86	13	9	500	176	87	19	»	86	15	»
600	212	10	20	»	91	5	»	600	212	25	20	»	91	6	3
700	247	45	21	»	95	16	3	700	247	62	21	»	95	17	7
800	282	80	22	»	100	7	6	800	283	00	22	»	100	8	11
900	318	15	23	»	104	18	9	900	318	37	23	»	105	»	3
1000	353	50	24	»	109	10	»	1000	353	75	24	»	109	11	7

ONCES							
NOUVELLE à 356 f.			ANCIENNE à 110 liv. 5 s. 6 d.				
TITRES.	VALEURS.		TITRES.		VALEURS.		
Milliem.	Francs.	Cent.	Karats.	32emes	Livres.	Sols.	Den.
1	»	35	»	1	»	2	10
2	»	71	»	2	»	5	8
3	1	06	»	3	»	8	7
4	1	42	»	4	»	11	5
5	1	78	»	5	»	14	4
6	2	13	»	6	»	17	2
7	2	49	»	7	1	»	1
8	2	84	»	8	1	2	11
9	3	20	»	9	1	5	10
10	3	56	»	10	1	8	8
11	3	91	»	11	1	11	7
12	4	27	»	12	1	14	5
13	4	62	»	13	1	17	3
14	4	98	»	14	2	»	2
15	5	34	»	15	2	3	»
16	5	69	»	16	2	5	11
17	6	05	»	17	2	8	9
18	6	30	»	18	2	11	8
19	6	66	»	19	2	14	6
20	7	12	»	20	2	17	5
21	7	47	»	21	3	»	3
22	7	83	»	22	3	3	2
23	8	18	»	23	3	6	»
24	8	54	»	24	3	8	11
25	8	90	»	25	3	11	9
26	9	25	»	26	3	14	7
27	9	61	»	27	3	17	6
28	9	96	»	28	4	»	4
29	10	32	»	29	4	3	3
30	10	68	»	30	4	6	1
31	11	03	»	31	4	9	»
32	11	39	1	»	4	11	10
33	11	74	2	»	9	3	9
34	12	10	3	»	13	15	8
35	12	46	4	»	18	7	7
36	12	81	5	»	22	19	5
37	13	17	6	»	27	11	4
38	13	52	7	»	32	3	3
39	13	88	8	»	36	15	2
40	14	24	9	»	41	7	»
50	17	80	10	»	45	18	11
60	21	36	11	»	50	10	10
70	24	92	12	»	55	2	9
80	28	48	13	»	59	14	7
90	32	04	14	»	64	6	6
100	35	60	15	»	68	18	5
200	71	20	16	»	73	10	4
300	106	80	17	»	78	2	2
400	142	40	18	»	82	14	1
500	178	00	19	»	87	6	»
600	213	60	20	»	91	17	11
700	249	20	21	»	96	9	9
800	284	80	22	»	101	1	8
900	320	40	23	»	105	13	7
1000	356	00	24	»	110	5	6

ONCES							
NOUV. à 356 f. 25 c.			ANCIENNE à 110 liv. 7 s. d.				
TITRES.	VALEURS.		TITRES.		VALEURS.		
Milliem.	Francs.	Cent.	Karats.	32emes	Livres.	Sols.	Den.
1	»	35	»	1	»	2	10
2	»	71	»	2	»	5	8
3	1	06	»	3	»	8	7
4	1	42	»	4	»	11	5
5	1	78	»	5	»	14	4
6	2	13	»	6	»	17	2
7	2	49	»	7	1	»	1
8	2	85	»	8	1	2	11
9	3	20	»	9	1	5	10
10	3	56	»	10	1	8	8
11	3	91	»	11	1	11	7
12	4	27	»	12	1	14	5
13	4	63	»	13	1	17	4
14	4	98	»	14	2	»	2
15	5	34	»	15	2	3	1
16	5	70	»	16	2	5	11
17	6	05	»	17	2	8	10
18	6	41	»	18	2	11	8
19	6	76	»	19	2	14	7
20	7	12	»	20	2	17	5
21	7	48	»	21	3	»	4
22	7	83	»	22	3	3	2
23	8	19	»	23	3	6	1
24	8	55	»	24	3	8	11
25	8	90	»	25	3	11	10
26	9	26	»	26	3	14	8
27	9	61	»	27	3	17	7
28	9	97	»	28	4	»	5
29	10	33	»	29	4	3	4
30	10	68	»	30	4	6	2
31	11	04	»	31	4	9	1
32	11	40	1	»	4	11	11
33	11	75	2	»	9	3	11
34	12	11	3	»	13	15	10
35	12	46	4	»	18	7	10
36	12	82	5	»	22	19	9
37	13	18	6	»	27	11	9
38	13	53	7	»	32	3	8
39	13	89	8	»	36	15	8
40	14	25	9	»	41	7	7
50	17	81	10	»	45	19	7
60	21	37	11	»	50	11	6
70	24	93	12	»	55	3	6
80	28	50	13	»	59	15	5
90	32	06	14	»	64	7	5
100	35	62	15	»	68	19	4
200	71	25	16	»	73	11	4
300	106	87	17	»	78	3	3
400	142	50	18	»	82	15	3
500	178	12	19	»	87	7	2
600	213	75	20	»	91	19	2
700	249	37	21	»	96	11	1
800	285	00	22	»	101	3	1
900	320	62	23	»	105	15	»
1000	356	25	24	»	110	7	»

ONCES								ONCES							
NOUV. à 356 f. 50 c.			ANCIENNE à 110 liv. 8 s. 7 d.					NOUV. à 356 f. 75 c.			ANCIENNE à 110 liv. 10 s. 2 d.				
TITRES.	VALEURS.		TITRES.		VALEURS.			TITRES.	VALEURS.		TITRES.		VALEURS.		
Millièm.	Francs.	Cent.	Karats.	32emes	Livres.	Sols.	Den.	Millièm.	Francs.	Cent.	Karats.	32emes	Livres.	Sols.	Den.
1	»	35	»	1	»	2	10	1	»	35	»	1	»	2	10
2	»	71	»	2	»	5	9	2	»	71	»	2	»	5	9
3	1	06	»	3	»	8	7	3	1	07	»	3	»	8	7
4	1	42	»	4	»	11	6	4	1	42	»	4	»	11	6
5	1	78	»	5	»	14	4	5	1	78	»	5	»	14	4
6	2	13	»	6	»	17	3	6	2	14	»	6	»	17	3
7	2	49	»	7	1	»	1	7	2	49	»	7	1	»	1
8	2	85	»	8	1	3	»	8	2	85	»	8	1	3	»
9	3	20	»	9	1	5	10	9	3	21	»	9	1	5	10
10	3	56	»	10	1	8	9	10	3	56	»	10	1	8	9
11	3	92	»	11	1	11	7	11	3	92	»	11	1	11	7
12	4	27	»	12	1	14	6	12	4	28	»	12	1	14	6
13	4	63	»	13	1	17	4	13	4	63	»	13	1	17	4
14	4	99	»	14	2	»	3	14	4	99	»	14	2	»	3
15	5	34	»	15	2	3	1	15	5	35	»	15	2	3	2
16	5	70	»	16	2	6	»	16	5	70	»	16	2	6	»
17	6	06	»	17	2	8	10	17	6	06	»	17	2	8	11
18	6	41	»	18	2	11	9	18	6	42	»	18	2	11	9
19	6	77	»	19	2	14	7	19	6	77	»	19	2	14	8
20	7	13	»	20	2	17	6	20	7	13	»	20	2	17	6
21	7	48	»	21	3	»	4	21	7	49	»	21	3	»	5
22	7	84	»	22	3	3	3	22	7	84	»	22	3	3	3
23	8	19	»	23	3	6	1	23	8	20	»	23	3	6	2
24	8	55	»	24	3	9	»	24	8	56	»	24	3	9	»
25	8	91	»	25	3	11	10	25	8	91	»	25	3	11	11
26	9	26	»	26	3	14	9	26	9	27	»	26	3	14	9
27	9	62	»	27	3	17	7	27	9	63	»	27	3	17	8
28	9	98	»	28	4	»	6	28	9	98	»	28	4	»	6
29	10	33	»	29	4	3	4	29	10	34	»	29	4	3	5
30	10	69	»	30	4	6	3	30	10	70	»	30	4	6	4
31	11	05	»	31	4	9	1	31	11	05	»	31	4	9	2
32	11	40	1	»	4	12	»	32	11	41	1	»	4	12	1
33	11	76	2	»	9	4	»	33	11	77	2	»	9	4	2
34	12	12	3	»	13	16	»	34	12	12	3	»	13	16	3
35	12	47	4	»	18	8	1	35	12	48	4	»	18	8	4
36	12	83	5	»	23	»	1	36	12	84	5	»	23	»	5
37	13	19	6	»	27	12	1	37	13	19	6	»	27	12	6
38	13	54	7	»	32	4	2	38	13	55	7	»	32	4	7
39	13	90	8	»	36	16	2	39	13	91	8	»	36	16	8
40	14	26	9	»	41	8	2	40	14	27	9	»	41	8	9
50	17	82	10	»	46	»	2	50	17	83	10	»	46	»	10
60	21	39	11	»	50	12	3	60	21	40	11	»	50	12	11
70	24	95	12	»	55	4	3	70	24	97	12	»	55	5	1
80	28	52	13	»	59	16	3	80	28	54	13	»	59	17	2
90	32	08	14	»	64	8	4	90	32	10	14	»	64	9	3
100	35	65	15	»	69	»	4	100	35	67	15	»	69	1	4
200	71	30	16	»	73	12	4	200	71	35	16	»	73	13	5
300	106	95	17	»	78	4	4	300	107	02	17	»	78	5	6
400	142	60	18	»	82	16	5	400	142	70	18	»	82	17	7
500	178	25	19	»	87	8	5	500	178	37	19	»	87	9	8
600	213	90	20	»	92	»	5	600	214	05	20	»	92	1	9
700	249	55	21	»	96	12	6	700	249	72	21	»	96	13	10
800	285	20	22	»	101	4	6	800	285	40	22	»	101	5	11
900	320	85	23	»	105	16	6	900	321	07	23	»	105	18	»
1000	356	50	24	»	110	8	7	1000	356	75	24	»	110	10	2

ONCES

NOUV. à 357 f.			ANCIENNE à 110 liv. 11 s. 8 d.				
TITRES.	VALEURS.		TITRES.		VALEURS.		
Millièm.	Francs.	Cent.	Karats.	32emes	Livres.	Sols.	Den.
1	»	35	»	1	»	2	10
2	»	71	»	2	»	5	9
3	1	07	»	3	»	8	7
4	1	42	»	4	»	11	6
5	1	78	»	5	»	14	4
6	2	14	»	6	»	17	3
7	2	49	»	7	1	»	1
8	2	85	»	8	1	3	»
9	3	21	»	9	1	5	11
10	3	57	»	10	1	8	9
11	3	92	»	11	1	11	8
12	4	28	»	12	1	14	6
13	4	64	»	13	1	17	5
14	4	99	»	14	2	»	3
15	5	35	»	15	2	3	2
16	5	71	»	16	2	6	»
17	6	06	»	17	2	8	11
18	6	42	»	18	2	11	10
19	6	78	»	19	2	14	8
20	7	14	»	20	2	17	7
21	7	49	»	21	3	»	5
22	7	85	»	22	3	3	4
23	8	21	»	23	3	6	2
24	8	56	»	24	3	9	1
25	8	92	»	25	3	11	11
26	9	28	»	26	3	14	10
27	9	63	»	27	3	17	9
28	9	99	»	28	4	»	7
29	10	35	»	29	4	3	6
30	10	71	»	30	4	6	4
31	11	06	»	31	4	9	3
32	11	42	1	»	4	12	1
33	11	78	2	»	9	4	3
34	12	13	3	»	13	16	5
35	12	49	4	»	18	8	7
36	12	85	5	»	22	»	9
37	13	20	6	»	27	12	11
38	13	56	7	»	32	5	»
39	13	92	8	»	36	17	2
40	14	28	9	»	41	9	4
50	17	85	10	»	45	1	6
60	21	42	11	»	50	13	8
70	24	99	12	»	54	5	10
80	28	56	13	»	59	17	11
90	32	13	14	»	64	10	1
100	35	70	15	»	68	2	3
200	71	40	16	»	73	14	5
300	107	10	17	»	78	6	7
400	142	80	18	»	82	18	9
500	178	50	19	»	87	10	10
600	214	20	20	»	92	3	»
700	249	90	21	»	96	15	2
800	285	60	22	»	101	7	4
900	321	30	23	»	105	19	6
1000	357	00	24	»	110	11	8

ONCES

NOUV. à 357 f. 25 c.			ANCIENNE à 110 liv. 13 s. 3 d.				
TITRES.	VALEURS.		TITRES.		VALEURS.		
Millièm.	Francs.	Cent.	Karats.	32emes	Livres.	Sols.	Den.
1	»	35	»	1	»	2	10
2	»	71	»	2	»	5	9
3	1	07	»	3	»	8	7
4	1	42	»	4	»	11	6
5	1	78	»	5	»	14	4
6	2	14	»	6	»	17	3
7	2	50	»	7	1	»	1
8	2	85	»	8	1	3	»
9	3	21	»	9	1	5	11
10	3	57	»	10	1	8	9
11	3	92	»	11	1	11	8
12	4	28	»	12	1	14	6
13	4	64	»	13	1	17	5
14	5	00	»	14	2	»	4
15	5	35	»	15	2	3	2
16	5	71	»	16	2	6	1
17	6	07	»	17	2	8	11
18	6	43	»	18	2	11	10
19	6	78	»	19	2	14	9
20	7	14	»	20	2	17	7
21	7	50	»	21	3	»	6
22	7	85	»	22	3	3	4
23	8	21	»	23	3	6	3
24	8	57	»	24	3	9	1
25	8	93	»	25	3	12	»
26	9	28	»	26	3	14	11
27	9	64	»	27	3	17	9
28	10	00	»	28	4	»	8
29	10	36	»	29	4	3	6
30	10	71	»	30	4	6	5
31	11	07	»	31	4	9	4
32	11	43	1	»	4	12	2
33	11	78	2	»	9	4	5
34	12	14	3	»	13	16	7
35	12	50	4	»	18	8	10
36	12	86	5	»	23	1	1
37	13	21	6	»	27	13	3
38	13	57	7	»	32	5	6
39	13	93	8	»	36	17	9
40	14	29	9	»	41	9	11
50	17	86	10	»	46	2	2
60	21	43	11	»	50	14	4
70	25	00	12	»	55	6	7
80	28	58	13	»	59	18	10
90	32	15	14	»	64	11	»
100	35	72	15	»	69	3	3
200	71	45	16	»	73	15	6
300	107	17	17	»	78	7	8
400	142	90	18	»	82	19	11
500	178	62	19	»	87	12	1
600	214	35	20	»	92	4	4
700	250	07	21	»	96	16	7
800	285	80	22	»	101	8	9
900	321	52	23	»	106	1	»
1000	357	25	24	»	110	18	3

ONCES							
NOUV. à 357 f. 50 c.		ANCIENNE à 110 liv. 14 s. 9 d.					
TITRES.	VALEURS.		TITRES.		VALEURS.		
Milliè m.	Francs.	Cent.	Karats.	32emes	Livres.	Sols.	Den.
1	»	35	»	1	»	2	10
2	»	71	»	2	»	5	9
3	1	07	»	3	»	8	7
4	1	43	»	4	»	11	6
5	1	78	»	5	»	14	5
6	2	14	»	6	»	17	3
7	2	50	»	7	1	»	2
8	2	86	»	8	1	3	»
9	3	21	»	9	1	5	11
10	3	57	»	10	1	8	10
11	3	93	»	11	1	11	8
12	4	29	»	12	1	14	7
13	4	64	»	13	1	17	5
14	5	00	»	14	2	»	4
15	5	36	»	15	2	3	3
16	5	72	»	16	2	6	1
17	6	07	»	17	2	9	»
18	6	43	»	18	2	11	10
19	6	79	»	19	2	14	9
20	7	15	»	20	2	17	8
21	7	50	»	21	3	»	6
22	7	86	»	22	3	3	5
23	8	22	»	23	3	6	3
24	8	58	»	24	3	9	2
25	8	93	»	25	3	12	1
26	9	29	»	26	3	14	11
27	9	65	»	27	3	17	10
28	10	01	»	28	4	»	8
29	10	36	»	29	4	3	7
30	10	72	»	30	4	6	6
31	11	08	»	31	4	9	4
32	11	44	1	»	4	12	3
33	11	79	2	»	9	4	6
34	12	15	3	»	13	16	10
35	12	51	4	»	18	9	1
36	12	87	5	»	23	1	4
37	13	22	6	»	27	13	8
38	13	58	7	»	32	5	11
39	13	94	8	»	36	18	3
40	14	30	9	»	41	10	6
50	17	87	10	»	46	2	9
60	21	45	11	»	50	15	1
70	25	02	12	»	55	7	4
80	28	60	13	»	59	19	7
90	32	17	14	»	64	11	11
100	35	75	15	»	69	4	2
200	71	50	16	»	73	16	6
300	107	25	17	»	78	8	9
400	143	00	18	»	83	1	»
500	178	75	19	»	87	13	4
600	214	50	20	»	92	5	7
700	250	25	21	»	96	17	10
800	286	00	22	»	101	10	2
900	321	75	23	»	106	2	5
1000	357	50	24	»	110	14	9

ONCES							
NOUV. à 357 f. 75 c.		ANCIENNE à 110 liv. 16 s. 4 d.					
TITRES.	VALEURS.		TITRES.		VALEURS.		
Milliè m.	Francs.	Cent.	Karats.	32emes	Livres.	Sols.	Den.
1	»	35	»	1	»	2	10
2	»	71	»	2	»	5	9
3	1	07	»	3	»	8	7
4	1	43	»	4	»	11	6
5	1	78	»	5	»	14	5
6	2	14	»	6	»	17	3
7	2	50	»	7	1	»	2
8	2	86	»	8	1	3	1
9	3	21	»	9	1	5	11
10	3	57	»	10	1	8	10
11	3	93	»	11	1	11	8
12	4	29	»	12	1	14	7
13	4	65	»	13	1	17	6
14	5	00	»	14	2	»	4
15	5	36	»	15	2	3	3
16	5	72	»	16	2	6	2
17	6	08	»	17	2	9	»
18	6	43	»	18	2	11	11
19	6	79	»	19	2	14	9
20	7	15	»	20	2	17	8
21	7	51	»	21	3	»	7
22	7	87	»	22	3	3	5
23	8	22	»	23	3	6	4
24	8	58	»	24	3	9	3
25	8	94	»	25	3	12	1
26	9	30	»	26	3	15	»
27	9	65	»	27	3	17	11
28	10	01	»	28	4	»	9
29	10	37	»	29	4	3	8
30	10	73	»	30	4	6	6
31	11	09	»	31	4	9	5
32	11	44	1	»	4	12	4
33	11	80	2	»	9	4	8
34	12	16	3	»	13	17	»
35	12	52	4	»	18	9	4
36	12	87	5	»	23	1	8
37	13	23	6	»	27	14	1
38	13	59	7	»	32	6	5
39	13	95	8	»	36	18	9
40	14	31	9	»	41	11	1
50	17	88	10	»	46	3	5
60	21	46	11	»	50	15	9
70	25	04	12	»	55	8	2
80	28	62	13	»	60	»	6
90	32	19	14	»	64	12	10
100	35	77	15	»	69	5	2
200	71	55	16	»	73	17	6
300	107	32	17	»	78	9	10
400	143	10	18	»	83	2	3
500	178	87	19	»	87	14	7
600	214	65	20	»	92	6	11
700	250	42	21	»	96	19	3
800	286	20	22	»	101	11	7
900	321	97	23	»	106	3	11
1000	357	75	24	»	110	16	4

ONCES

NOUVELLE à 358 f.			ANCIENNE à 110 liv. 17 s. 11 d.				
TITRES.	VALEURS.		TITRES.		VALEURS.		
Milliè m.	Francs.	Cent.	Karats.	32emes	Livres.	Sols.	Den.
1	»	35	»	1	»	2	10
2	»	71	»	2	»	5	9
3	1	07	»	3	»	8	7
4	1	43	»	4	»	11	6
5	1	79	»	5	»	14	5
6	2	14	»	6	»	17	3
7	2	50	»	7	1	»	2
8	2	86	»	8	1	3	1
9	3	22	»	9	1	5	11
10	3	58	»	10	1	8	10
11	3	93	»	11	1	11	9
12	4	29	»	12	1	14	7
13	4	65	»	13	1	17	6
14	5	01	»	14	2	»	5
15	5	37	»	15	2	3	3
16	5	72	»	16	2	6	2
17	6	08	»	17	2	9	1
18	6	44	»	18	2	11	11
19	6	80	»	19	2	14	10
20	7	16	»	20	2	17	9
21	7	51	»	21	3	»	7
22	7	87	»	22	3	3	6
23	8	23	»	23	3	6	5
24	8	59	»	24	3	9	3
25	8	95	»	25	3	12	2
26	9	30	»	26	3	15	1
27	9	66	»	27	3	17	11
28	10	02	»	28	4	»	10
29	10	38	»	29	4	3	8
30	10	74	»	30	4	6	7
31	11	09	»	31	4	9	6
32	11	45	1	»	4	12	4
33	11	81	2	»	9	4	9
34	12	17	3	»	13	17	2
35	12	53	4	»	18	9	7
36	12	88	5	»	23	2	»
37	13	24	6	»	27	14	5
38	13	60	7	»	32	6	10
39	13	96	8	»	36	19	3
40	14	32	9	»	41	11	8
50	17	90	10	»	46	4	1
60	21	48	11	»	50	16	6
70	25	06	12	»	55	8	11
80	28	64	13	»	60	1	4
90	32	22	14	»	64	13	9
100	35	80	15	»	69	6	2
200	71	60	16	»	73	18	7
300	107	40	17	»	78	11	»
400	143	20	18	»	83	3	5
500	179	00	19	»	87	15	10
600	214	80	20	»	92	8	3
700	250	60	21	»	97	»	8
800	286	40	22	»	101	13	1
900	322	20	23	»	106	5	6
1000	358	00	24	»	110	17	11

ONCES

NOUV. à 358 f. 25 c.			ANCIENNE à 110 liv. 19 s. 5 d.				
TITRES.	VALEURS.		TITRES.		VALEURS.		
Milliè m.	Francs.	Cent.	Karats.	32emes	Livres.	Sols.	Den.
1	»	35	»	1	»	2	10
2	»	71	»	2	»	5	9
3	1	07	»	3	»	8	8
4	1	43	»	4	»	11	6
5	1	79	»	5	»	14	5
6	2	14	»	6	»	17	4
7	2	50	»	7	1	»	2
8	2	86	»	8	1	3	1
9	3	22	»	9	1	6	»
10	3	58	»	10	1	8	10
11	3	94	»	11	1	11	9
12	4	29	»	12	1	14	8
13	4	65	»	13	1	17	6
14	5	01	»	14	2	»	5
15	5	37	»	15	2	3	4
16	5	73	»	16	2	6	2
17	6	09	»	17	2	9	1
18	6	44	»	18	2	12	»
19	6	80	»	19	2	14	10
20	7	16	»	20	2	17	9
21	7	52	»	21	3	»	8
22	7	88	»	22	3	3	6
23	8	23	»	23	3	6	5
24	8	59	»	24	3	9	4
25	8	95	»	25	3	12	2
26	9	31	»	26	3	15	1
27	9	67	»	27	3	18	»
28	10	03	»	28	4	»	10
29	10	38	»	29	4	3	9
30	10	74	»	30	4	6	8
31	11	10	»	31	4	9	7
32	11	46	1	»	4	12	5
33	11	82	2	»	9	4	11
34	12	18	3	»	13	17	5
35	12	53	4	»	18	9	10
36	12	89	5	»	23	2	4
37	13	25	6	»	27	14	10
38	13	61	7	»	32	7	3
39	13	97	8	»	36	19	9
40	14	33	9	»	41	12	3
50	17	91	10	»	46	4	9
60	21	49	11	»	50	17	2
70	25	07	12	»	55	9	8
80	28	66	13	»	60	2	2
90	32	24	14	»	64	14	7
100	35	82	15	»	69	7	1
200	71	65	16	»	73	19	7
300	107	47	17	»	78	12	1
400	143	30	18	»	83	4	6
500	179	12	19	»	87	17	»
600	214	95	20	»	92	9	6
700	250	77	21	»	97	1	11
800	286	60	22	»	101	14	5
900	322	42	23	»	106	6	11
1000	358	25	24	»	110	19	5

ONCES							
NOUV. à 358 f. 50 c.		ANCIENNE à 111 liv. 1 s. d.					
TITRES.	VALEURS.		TITRES.		VALEURS.		
Millièm.	Francs.	Cent.	Karats.	32emes	Livres.	Sols.	Den.
1	»	35	»	1	»	2	10
2	»	71	»	2	»	5	9
3	1	07	»	3	»	8	8
4	1	43	»	4	»	11	6
5	1	79	»	5	»	14	5
6	2	15	»	6	»	17	4
7	2	50	»	7	1	»	2
8	2	86	»	8	1	3	1
9	3	22	»	9	1	6	»
10	3	58	»	10	1	8	11
11	3	94	»	11	1	11	9
12	4	30	»	12	1	14	8
13	4	66	»	13	1	17	7
14	5	01	»	14	2	»	5
15	5	37	»	15	2	3	4
16	5	73	»	16	2	6	3
17	6	09	»	17	2	9	1
18	6	45	»	18	2	12	»
19	6	81	»	19	2	14	11
20	7	17	»	20	2	17	10
21	7	52	»	21	3	»	8
22	7	88	»	22	3	3	7
23	8	24	»	23	3	6	6
24	8	60	»	24	3	9	4
25	8	96	»	25	3	12	3
26	9	32	»	26	3	15	2
27	9	67	»	27	3	18	»
28	10	03	»	28	4	»	11
29	10	39	»	29	4	3	10
30	10	75	»	30	4	6	9
31	11	11	»	31	4	9	7
32	11	47	1	»	4	12	6
33	11	83	2	»	9	5	1
34	12	18	3	»	13	17	7
35	12	54	4	»	18	10	2
36	12	90	5	»	23	2	8
37	13	26	6	»	27	15	3
38	13	62	7	»	32	7	9
39	13	98	8	»	37	»	4
40	14	34	9	»	41	12	10
50	17	92	10	»	46	5	5
60	21	51	11	»	50	17	11
70	25	09	12	»	55	10	6
80	28	68	13	»	60	3	»
90	32	26	14	»	64	15	7
100	35	85	15	»	69	8	1
200	71	70	16	»	74	»	8
300	107	55	17	»	78	13	2
400	143	40	18	»	83	5	9
500	179	25	19	»	87	18	3
600	215	10	20	»	92	10	10
700	250	95	21	»	97	3	4
800	286	80	22	»	101	15	11
900	322	65	23	»	106	8	5
1000	358	50	24	»	111	1	»

ONCES							
NOUV. à 358 f. 75 c.		ANCIENNE à 111 liv. 2 s. 6 d.					
TITRES.	VALEURS.		TITRES.		VALEURS.		
Millièm.	Francs.	Cent.	Karats.	32emes	Livres.	Sols.	Den.
1	»	35	»	1	»	2	10
2	»	71	»	2	»	5	9
3	1	07	»	3	»	8	8
4	1	43	»	4	»	11	6
5	1	79	»	5	»	14	5
6	2	15	»	6	»	17	4
7	2	51	»	7	1	»	3
8	2	87	»	8	1	3	1
9	3	22	»	9	1	6	»
10	3	58	»	10	1	8	11
11	3	94	»	11	1	11	9
12	4	30	»	12	1	14	8
13	4	66	»	13	1	17	7
14	5	02	»	14	2	»	6
15	5	38	»	15	2	3	4
16	5	74	»	16	2	6	3
17	6	09	»	17	2	9	2
18	6	45	»	18	2	12	1
19	6	81	»	19	2	14	11
20	7	17	»	20	2	17	10
21	7	53	»	21	3	»	9
22	7	89	»	22	3	3	7
23	8	25	»	23	3	6	6
24	8	61	»	24	3	9	5
25	8	96	»	25	3	12	4
26	9	32	»	26	3	15	2
27	9	68	»	27	3	18	1
28	10	04	»	28	4	1	»
29	10	40	»	29	4	3	11
30	10	76	»	30	4	6	9
31	11	12	»	31	4	9	8
32	11	47	1	»	4	12	7
33	11	83	2	»	9	5	2
34	12	19	3	»	13	17	9
35	12	55	4	»	18	10	5
36	12	91	5	»	23	3	»
37	13	27	6	»	27	15	7
38	13	63	7	»	32	8	2
39	13	99	8	»	37	»	10
40	14	35	9	»	41	13	5
50	17	93	10	»	46	6	»
60	21	52	11	»	50	18	7
70	25	11	12	»	55	11	3
80	28	70	13	»	60	3	10
90	32	28	14	»	64	16	5
100	35	67	15	»	69	9	5
200	71	75	16	»	74	1	8
300	107	62	17	»	78	14	3
400	143	50	18	»	83	6	10
500	179	37	19	»	87	19	5
600	215	25	20	»	92	12	1
700	251	12	21	»	97	4	8
800	287	00	22	»	101	17	3
900	322	87	23	»	106	9	10
1000	358	75	24	»	111	2	6

ONCES							
NOUV. à 359 f.			ANCIENNE à 111 liv. 4 s. 1 d.				
TITRES.	VALEURS.		TITRES.		VALEURS.		
Millièm.	Francs.	Cent.	Karats.	32emes	Livres.	Sols.	Den.
1	»	35	»	1	»	2	10
2	»	71	»	2	»	5	9
3	1	07	»	3	»	8	8
4	1	43	»	4	»	11	7
5	1	79	»	5	»	14	5
6	2	15	»	6	»	17	4
7	2	51	»	7	1	»	3
8	2	87	»	8	1	3	2
9	3	28	»	9	1	6	»
10	3	59	»	10	1	8	11
11	3	94	»	11	1	11	10
12	4	30	»	12	1	14	9
13	4	66	»	13	1	17	7
14	5	02	»	14	2	»	6
15	5	38	»	15	2	3	5
16	5	74	»	16	2	6	4
17	6	10	»	17	2	9	2
18	6	46	»	18	2	12	1
19	6	82	»	19	2	15	»
20	7	18	»	20	2	17	11
21	7	53	»	21	3	»	9
22	7	89	»	22	3	3	8
23	8	25	»	23	3	6	7
24	8	61	»	24	3	9	6
25	8	97	»	25	3	12	4
26	9	33	»	26	3	15	3
27	9	69	»	27	3	18	2
28	10	05	»	28	4	1	1
29	10	41	»	29	4	3	11
30	10	77	»	30	4	6	10
31	11	12	»	31	4	9	9
32	11	48	1	»	4	12	8
33	11	84	2	»	9	5	4
34	12	20	3	»	13	18	»
35	12	56	4	»	18	10	8
36	12	92	5	»	23	3	4
37	13	28	6	»	27	16	»
38	13	64	7	»	32	8	8
39	14	00	8	»	37	1	4
40	14	36	9	»	41	14	»
50	17	95	10	»	46	6	8
60	21	54	11	»	50	19	4
70	25	13	12	»	55	12	»
80	28	72	13	»	60	4	8
90	32	31	14	»	64	17	4
100	35	90	15	»	69	10	»
200	71	80	16	»	74	2	8
300	107	70	17	»	78	15	4
400	143	60	18	»	83	8	»
500	179	50	19	»	88	»	8
600	215	40	20	»	92	13	4
700	251	30	21	»	97	6	»
800	287	20	22	»	101	18	8
900	323	10	23	»	106	11	4
1000	359	00	24	»	111	4	1

ONCES							
NOUV. à 359 f. 25 c.			ANCIENNE à 111 liv. 5 s. 7 d.				
TITRES.	VALEURS.		TITRES.		VALEURS.		
Millièm.	Francs.	Cent.	Karats.	32emes	Livres.	Sols.	Den.
1	»	35	»	1	»	2	10
2	»	71	»	2	»	5	9
3	1	07	»	3	»	8	8
4	1	43	»	4	»	11	7
5	1	79	»	5	»	14	5
6	2	15	»	6	»	17	4
7	2	51	»	7	1	»	3
8	2	87	»	8	1	3	2
9	3	28	»	9	1	6	»
10	3	59	»	10	1	8	11
11	3	95	»	11	1	11	10
12	4	31	»	12	1	14	9
13	4	67	»	13	1	17	8
14	5	03	»	14	2	»	6
15	5	38	»	15	2	3	5
16	5	74	»	16	2	6	4
17	6	10	»	17	2	9	3
18	6	46	»	18	2	12	1
19	6	82	»	19	2	15	»
20	7	18	»	20	2	17	11
21	7	54	»	21	3	»	10
22	7	90	»	22	3	3	9
23	8	26	»	23	3	6	7
24	8	62	»	24	3	9	6
25	8	98	»	25	3	12	5
26	9	34	»	26	3	15	4
27	9	69	»	27	3	18	2
28	10	05	»	28	4	1	1
29	10	41	»	29	4	4	»
30	10	77	»	30	4	6	11
31	11	13	»	31	4	9	10
32	11	49	1	»	4	12	8
33	11	85	2	»	9	5	5
34	12	21	3	»	13	18	2
35	12	57	4	»	18	10	11
36	12	93	5	»	23	3	7
37	13	29	6	»	27	16	4
38	13	65	7	»	32	9	1
39	14	01	8	»	37	1	10
40	14	37	9	»	41	14	7
50	17	96	10	»	46	7	3
60	21	55	11	»	51	»	»
70	25	14	12	»	55	12	9
80	28	74	13	»	60	5	6
90	32	33	14	»	64	18	3
100	35	92	15	»	69	10	11
200	71	85	16	»	74	3	8
300	107	77	17	»	78	16	5
400	143	70	18	»	83	9	2
500	179	62	19	»	88	1	11
600	215	55	20	»	92	14	7
700	251	47	21	»	97	7	4
800	287	40	22	»	102	»	1
900	323	32	23	»	106	12	10
1000	359	25	24	»	111	5	7

ONCES							
NOUV. à 359 f. 50 c.			ANCIENNE à 111 liv. 7 s. 2 d.				
TITRES.	VALEURS.		TITRES.		VALEURS.		
Milliém.	Francs.	Cent.	Karats.	32emes	Livres.	Sols.	Den.
1	»	35	»	1	»	2	10
2	»	71	»	2	»	5	9
3	1	07	»	3	»	8	8
4	1	43	»	4	»	11	7
5	1	79	»	5	»	14	5
6	2	15	»	6	»	17	4
7	2	51	»	7	1	»	3
8	2	87	»	8	1	3	2
9	3	23	»	9	1	6	1
10	3	59	»	10	1	8	11
11	3	95	»	11	1	11	10
12	4	31	»	12	1	14	9
13	4	67	»	13	1	17	8
14	5	03	»	14	2	»	7
15	5	39	»	15	2	3	5
16	5	75	»	16	2	6	4
17	6	11	»	17	2	9	3
18	6	47	»	18	2	12	2
19	6	83	»	19	2	15	1
20	7	19	»	20	2	17	11
21	7	54	»	21	3	»	10
22	7	90	»	22	3	3	9
23	8	26	»	23	3	6	8
24	8	62	»	24	3	9	7
25	8	98	»	25	3	12	5
26	9	34	»	26	3	15	4
27	9	70	»	27	3	18	3
28	10	06	»	28	4	1	2
29	10	42	»	29	4	4	1
30	10	78	»	30	4	6	11
31	11	14	»	31	4	9	10
32	11	50	1	»	4	12	9
33	11	86	2	»	9	5	7
34	12	22	3	»	13	18	4
35	12	58	4	»	18	11	2
36	12	94	5	»	23	3	11
37	13	30	6	»	27	16	9
38	13	66	7	»	32	9	7
39	14	02	8	»	37	2	4
40	14	38	9	»	41	15	2
50	17	97	10	»	46	7	11
60	21	57	11	»	51	»	9
70	25	16	12	»	55	13	7
80	28	76	13	»	60	6	4
90	32	35	14	»	64	19	2
100	35	95	15	»	69	11	11
200	71	90	16	»	74	4	9
300	107	85	17	»	78	17	6
400	143	80	18	»	83	10	4
500	179	75	19	»	88	3	2
600	215	70	20	»	92	15	11
700	251	65	21	»	97	8	9
800	287	60	22	»	102	1	6
900	323	55	23	»	106	14	4
1000	359	50	24	»	111	7	2

ONCES							
NOUV. à 359 f. 75 c.			ANCIENNE à 111 liv. 8 s. 9 d.				
TITRES.	VALEURS.		TITRES.		VALEURS.		
Milliém.	Francs.	Cent.	Karats.	32emes	Livres.	Sols.	Den.
1	»	35	»	1	»	2	10
2	»	71	»	2	»	5	9
3	1	07	»	3	»	8	8
4	1	43	»	4	»	11	7
5	1	79	»	5	»	14	6
6	2	15	»	6	»	17	4
7	2	51	»	7	1	»	3
8	2	87	»	8	1	3	2
9	3	23	»	9	1	6	1
10	3	59	»	10	1	9	»
11	3	95	»	11	1	11	11
12	4	31	»	12	1	14	9
13	4	67	»	13	1	17	8
14	5	03	»	14	2	»	7
15	5	39	»	15	2	3	6
16	5	75	»	16	2	6	5
17	6	11	»	17	2	9	4
18	6	47	»	18	2	12	2
19	6	83	»	19	2	15	1
20	7	19	»	20	2	18	»
21	7	55	»	21	3	»	11
22	7	91	»	22	3	3	10
23	8	27	»	23	3	6	8
24	8	63	»	24	3	9	7
25	8	99	»	25	3	12	6
26	9	35	»	26	3	15	5
27	9	71	»	27	3	18	4
28	10	07	»	28	4	1	3
29	10	43	»	29	4	4	1
30	10	79	»	30	4	7	»
31	11	15	»	31	4	9	11
32	11	51	1	»	4	12	10
33	11	87	2	»	9	5	8
34	12	23	3	»	13	18	7
35	12	59	4	»	18	11	5
36	12	95	5	»	23	4	3
37	13	31	6	»	27	17	2
38	13	67	7	»	32	10	»
39	14	03	8	»	37	2	11
40	14	39	9	»	41	15	9
50	17	98	10	»	46	8	7
60	21	58	11	»	51	1	6
70	25	18	12	»	55	14	4
80	28	78	13	»	60	7	2
90	32	37	14	»	65	»	1
100	35	97	15	»	69	12	11
200	71	95	16	»	74	5	10
300	107	92	17	»	78	18	8
400	143	90	18	»	83	11	6
500	179	87	19	»	88	4	5
600	215	85	20	»	92	17	3
700	251	82	21	»	97	10	1
800	287	80	22	»	102	3	»
900	323	77	23	»	106	15	10
1000	359	75	24	»	111	8	9

FIN.

www.ingramcontent.com/pod-product-compliance
Lightning Source LLC
Chambersburg PA
CBHW070305100426
42743CB00011B/2363
9782019606381